DER TRÖDEL-KING

Zu diesem Buch

Der »Trödel-King«, seit 2007 fester Bestandteil des WDR-Programms, zählt zu den beliebtesten TV-Ratgebersendungen. Roland Beuge hilft mit wertvollen Tipps, wenn es darum geht, Omas Porzellanservice, ausrangierte Klamotten und anderes nutzlos gewordenes Zeug in bare Münze zu verwandeln. Denn Trödeln kann man lernen! So befreit man sich nicht nur von altem Ballast, sondern kann sich von dem Verkaufserlös auch den einen oder anderen lang gehegten Wunsch erfüllen.

Zum Autor

Roland Beuge, bundesweit bekannt als »Der Trödel-King« und aus »Der große Finanz-Check«, ist ausgewiesener Profi, wenn es ums Handeln und Verkaufen geht. Seine erfolgreiche gleichnamige TV-Sendung läuft freitags auf WDR.

ROLAND BEUGE

DER TRÖDEL-KING

TIPPS UND TRICKS FÜRS ENTRÜMPELN & VERKAUFEN

vgs EGMONT

Originalausgabe

verlegt durch EGMONT Verlagsgesellschaften mbH,
Gertrudenstraße 30 – 36, 50667 Köln

1. Auflage
Redaktion: Marcus Reckewitz
Umschlaggestaltung: Zero Werbeagentur, München
Layout: Angela May Grafikdesign & Buchgestaltung, Mettmann
Druck: Mohn media Mohndruck GmbH, Gütersloh
ISBN 978-3-8025-3696-0

www.vgs.de

Inhalt

Ich liebe Keller!

Ich liebe Dachböden!

1 Mein Weg zum Trödel-King

Getrödelt habe ich eigentlich schon immer. Jedenfalls von dem Alter an, in dem man beginnt, sich aus der elterlichen Obhut zu lösen, wenn man selbstständig werden will, auf eigenen Beinen stehen möchte. Und dazu gehört eben auch, eigenes Geld zu verdienen. Und das ging bei mir schon so im Alter zwischen 13 und 15 los. Damals, im »Königreich Dümpten« (wie man dort selbstbewusst sagt), einem Stadtteil von Mülheim, wo ich 1966 geboren wurde.

Die Hauptschule hatte ich kurz vor dem Abschluss geschmissen – zu langweilig, zu viel Theorie, zu wenig Praxis, zu schlechte Noten. Also wechselte ich zur Berufsfachschule in Oberhausen und ließ mich in Sachen Bau und Holz unterrichten. Aber auch das erschien mir irgendwann nicht wirklich zielführend. Schließlich fing ich mit einer Lehre als Gas- und Wasserinstallateur an. War nicht schlecht, hab ich dann aber ebenfalls irgendwann abgebrochen – wozu noch als Lehrling buckeln, wenn ich doch das Gelernte schon für bare Münze Kunden anbieten konnte?

Darum ging's doch! Um Kohle! Schon als Schüler hab ich immer nebenbei gearbeitet: hab Autos gewaschen, Zeitungen ausgetragen, Gemüsekisten sortiert, Rasen gemäht oder den Hof gefegt. Und seinerzeit packte mich bereits die Leidenschaft fürs Trödeln. Ich ließ mich damals nämlich nicht nur mit Barem bezahlen, sondern vor allem mit dem, was da so in den Hinterhöfen meiner Kunden, in den Kellern und auf den Dachböden nutzlos rumstand. Daran war ich mehr interessiert als an den paar Mark für meine Dienstleistungen. Denn in all dem Trödel, der da vor sich hin staubte und verrostete, lag in meinen Augen eine interessante Verdienstspanne.

Also hab ich dann mit dem Werkzeug meines Vaters, der in Mülheim als Autolackierer und Maler sein Auskommen verdiente, all die Dinge, die man mir überlassen hatte, aufgemöbelt, repariert, auf Hochglanz poliert und dann mit einem alten Gemüsekarren auf den Trödelmarkt in der Mülheimer Altstadt transportiert und dort verkauft. Erst hab ich den Gemüsekarren noch von Dümpten aus mühselig geschoben. Bald hatte ich aber das Geld zusammen, mir ein Mofa zu leisten, mit dem ich den Karren dann ziehen konnte. Und mein erstes logistisches Problem: Die Polizei hätte mich mit meinem motorisierten Gefährt garantiert angehalten. Doch zum Glück gab es ein Königreich von Geheimwegen.

Ein unstetes, aber spannendes Leben

Was folgte, war das, was man wohl ein rastloses Leben nennt. Ein rastloses Leben, das aber sehr viel Spaß gemacht hat. Angetrieben wurde ich von unendlicher Neugier. Geholfen haben mir immer wieder der Zufall und vor allem ein über die Jahre sehr engmaschig geknüpftes Netzwerk von Menschen, die mir begegneten und über die sich immer wieder neue Perspektiven eröffneten.

Meine Neugier zog mich bereits in ganz jungen Jahren raus aus dem Pott, raus aus Mülheim. Schon ab meinem 16. Lebensjahr büxte ich regelmäßig nach Spanien aus, schlug mich an den Touristenstränden mit dem Verkauf von Kokosnüssen und Getränken oder mit dem Reinigen und Reparieren von Liegen durch.

Mit 19 kam ich dann für eine etwas längere Zeit wieder zurück nach Deutschland, genauer nach Köln. Die Trödelei wurde in dieser Zeit immer mehr zu einer professionellen und lukrativen Leidenschaft. Von Köln aus beschickte ich mit Ständen so ziemlich alle Trödelmärkte, die mir attraktiv erschienen, auch weit über das Rheinland hinaus, ob in Tongeren oder Lüttich oder auch in Österreich. In Köln machte ich schließlich auch die mittlere Reife und das Abi nach, begann anschließend sogar ein Fernstudium für Wirtschaft an der Universität in Barcelona.

Überhaupt: Spanien! Immer wieder hat es mich in meinem Leben dorthin gezogen. Und immer wieder hab ich dort die verrücktesten Dinge gemacht, war einer der größten Verleiher von Watercats, war Lightjockey und mit über 80 Mitarbeitern einer der erfolgreichsten Ticket-Promoter für die größte Disco an der Costa Brava, das »Bananas«, hab Immobilien vermittelt – und hab auch in Spanien immer wieder mit Trödel mein Geld verdient, hatte eine eigene kleine Trödelhalle an der Costa Brava, handelte mit alten spanischen Holztüren, die ich im Hinterland in alten Ruinen fand und in alle Welt verkaufte. Überhaupt: Spanien, wen man da alles trifft und kennenlernt. Nur auf Malle war ich nie!

Trödeln – eine professionelle Leidenschaft

Nachdem die Mauer gefallen war, erhielt ich aus Leipzig das Angebot, am Aufbau des IfBB-Wirtschaftsinstituts als Dozent und Personalberater mitzuwirken, was ich auch mit Begeisterung annahm. In Leipzig ging ich aber mit mindestens ebenso großer Begeisterung meiner alten Profession, dem Trödeln, nach. Diesmal im richtig großen Stil – als Trödelmarktveranstalter ebenso wie als Händler. Auf einem der größten Trödelmärkte vor dem Leipziger Sportforum betrieb ich bis zu 50 Meter lange Stände, bot dort Neuwaren an, die ich über ein Netzwerk von Kontakten zu guten Preisen hatte einkaufen können: von Schuhen über Seidenbettwäsche bis hin zu Klamotten. Auch anderes verkaufte ich: Bananenlizenzen, Bierdosen einer bekannten Firma nach Russland und alte VEB-Bestände. Alles in allem war das eine aufregende, eine verrückte Zeit im damals wilden Osten.

Nach der Jahrtausendwende zog es mich wieder zurück ins Rheinland. In Lohmar erhielt ich über Kontakte die Gelegenheit, eine Kistenschreinerei zu kaufen, die zeitweise 35 Angestellten Brot und Arbeit bot. Mein Hauptkunde allerdings schloss leider wenige Jahre später seine Tore in Köln. Die Folge für meine Kistenschreinerei: Insolvenz. Schnell war klar, was ich mit einem Großteil der Angestellten und den gut 3500 m^2

Lagerfläche und den 5000 m^2 Freifläche machen würde: eine gigantische Trödelhalle! Jeden Mittwoch und Samstag wurde hier fortan getrödelt, was das Zeug hielt.

Nach einigem Hin und Her mit der städtischen Verwaltung musste die Trödelhalle jedoch leider geschlossen werden. Damals habe ich feststellen müssen, dass Politik und Trödel nicht zusammenpassen, doch das hat sich glücklicherweise inzwischen geändert. Schließlich ging ich nach Troisdorf und setzte dort ein erweitertes Konzept genauso erfolgreich in einer anderen Trödelhalle fort.

Von »Ramsch und Reibach« zum »Trödel-King«

Irgendwann wurde schließlich das Fernsehen auf mich aufmerksam. Man suchte einen erfahrenen Experten, der den Zuschauern zu all den gebrauchten Gegenständen, die nicht mehr gebraucht werden, zu all den Objekten von Sammelleidenschaft, die keine Leidenschaft mehr hervorrufen, mit anderen Worten, der zu all dem Trödel, der in Kellern und auf Dachböden ein verstaubtes Schattendasein fristet, verlässlich Auskunft erteilen kann. Und der vor allem Orientierung geben kann, ob all diese Dinge vielleicht noch etwas wert sind und einen Markt haben.

Man hatte in den Fernsehanstalten nämlich erkannt, dass dieser Bereich unglaublich viele Menschen betrifft und umtreibt. Weil eben sehr viele Menschen über sehr viele Dinge verfügen, die sie gar nicht mehr benötigen. Und die sich die Frage stellen, ob das alles Sperrmüll ist oder ob es noch (oder wieder) einen realisierbaren Wert besitzt, mit dem man sich noch kleine oder auch große Träume verwirklichen kann.

Und so wurden diverse Fernsehformate entwickelt, in denen ich mein Expertenwissen mit anbringen konnte. Als Trödelexperte war ich in »Ramsch und Reibach« der Fachmann für die Wertermittlung von Trödel aller Art, für die WDR-Produktion »Der große Finanz-Check« war ich der Verkaufs- und Aufräumexperte. Und seit 2007 begleiten mich sehr viele Zuschauer allwöchentlich in meiner Funktion als »Der Trödel-King« in die Keller und Garagen, in die Sammelhallen und Rumpelkammern von Menschen, denen ich dabei helfe, aus ihren kleinen und großen Schätzchen sowie aus ihrem Trödel bare Münze zu machen.

Und in all den Gesprächen, die ich im Rahmen der Fernsehproduktionen mit den unterschiedlichsten Menschen führte, wurde immer wieder deutlich, dass die wenigsten sich eigentlich Gedanken darüber machen, was das Wesen der Dinge, mit denen sie sich umgeben, eigentlich ist. Warum man diese Dinge besitzt und wann sich viele Dinge vom alltäglichen Gebrauchs- oder Sammelgegenstand in Trödel verwandeln. Deshalb an dieser Stelle ein kleiner Ausflug in die prinzipiellen Seinsbedingungen der großen weiten Welt des Trödels.

Wie aus den Dingen irgendwann Trödel wird

Unser Wirtschaftssystem basiert auf **Konsum.** Das kann man gut oder schlecht finden: Es ist so. Gekauft werden Dinge, die man braucht – und Dinge, die man überhaupt nicht braucht. Also wird von der Wirtschaft produziert, was sie glaubt verkaufen zu können. Zuvor macht sie uns glauben, dass wir das brauchen. Und so kauft der Konsument, bis fast jeder fast alles hat, was er braucht. Oder auch nicht braucht.

Die Folge von alldem ist, dass sich mit den Jahren all die Dinge, die wir einst für unverzichtbar hielten, ansammeln. Je nach Mentalität und finanziellen Möglichkeiten besitzt ein Mensch der westlichen Hemisphäre zwischen **5000 und 10.000 Dinge.** Große und kleine. Viele Dinge werden uns auch ins Haus getragen, ohne dass wir jemals darum gebeten hätten: Geschenke oder Erbstücke zum Beispiel.

Und diese Dinge stehen und liegen irgendwann einfach nur noch irgendwo rum. Nämlich spätestens dann, wenn man sie nicht mehr braucht oder gegen schönere, modernere Dinge ausgetauscht hat. Im besten Fall werden sie dann in einem der Stauräume entsorgt: Garage, Keller, Dachboden, Scheune, Gartenhäuschen etc. Und da fristen sie schließlich ihr trauriges Dasein, zum Teil jahrzehntelang.

Apropos **Stauräume!** Hier scheint es bei den meisten Menschen ein grundsätzliches Missverständnis zu geben: Stauräume heißen nämlich so, weil man in ihnen Dinge verstauen soll. Es soll sich in ihnen aber nicht »stauen« wie auf der A1 am Freitagnachmittag. Das aber genau tut es in den meisten Stauräumen: Sie quellen förmlich über – nichts geht mehr.

Warum man aus Trödel Geld machen will

Irgendwann kommt der Tag, an dem man beschließt, diesen Zustand zu ändern. Weil man endlich wieder **Ordnung** haben möchte, weil man in der Garage endlich wieder sein Auto parken möchte, weil man ausziehen will oder muss und ins neue Haus oder in die neue Wohnung nicht den ganzen Gerümpel-Ballast mitnehmen will.

Man könnte nun all die Dinge einfach in einen bestellten **Container** kippen und wäre sie damit auf ebenso schnelle wie galante Art und Weise los. Wer sich das leisten kann, macht das auch so.

Es gibt aber sehr viele Menschen, die sich das überhaupt nicht leisten können, die sich angesichts all der Dinge fragen, ob man damit nicht noch ein paar Euro machen kann. Geld, das man vielleicht dringend braucht, weil man seiner Frau noch mal eine Reise spendieren möchte, weil man vielleicht einen Garten anlegen will, eine Sauna bauen oder eine Hochzeitsreise finanzieren möchte, weil man eine größere Autoreparatur bezahlen muss, weil man ein Kinderzimmer einrichten muss, weil man … Es gibt tausend Gründe, all die Dinge, die man nicht (mehr) braucht, zu Geld zu machen.

Das Gleiche gilt für **Erbschaften.** Man erbt ein Haus, das man nicht selbst beziehen kann oder will. Man will es verkaufen oder vermieten. Was macht man mit all den Möbeln, mit dem ganzen Hausstand? Von einem Entrümpler entsorgen lassen? Das kostet! Und zwar nicht wenig. Also warum nicht den Spieß umdrehen und mit dem ganzen Hausstand Geld verdienen?

Und was ist wohl diese Sammlung von Elastolin-Figuren wert, die der oder die Verblichene einem hinterlassen hat? Oder die Uhrensammlung? Befinden sich da vielleicht kleine oder sogar große Kostbarkeiten drunter? Und wenn ja, wie und wo kann ich den Wert ermitteln? Und wo und wie kann ich dafür noch einen fairen Preis erzielen?

Wie und wo man aus Trödel Geld machen kann

Die Antworten auf all diese Fragen sind relativ einfach. Für Trödel gibt es ein wirklich zweckdienliches Handelsforum. Es handelt sich um – genau! – **Trödelmärkte!** Diesen Trödelmärkten gilt meine ganz besondere Leidenschaft. Hier kann man im Großen wie im Kleinen Handel betreiben, mit Menschen kommunizieren, man kann seine Fantasie bei der Präsentation und seinen Charme beim Anpreisen der Ware spielen lassen, man kann feilschen und gute Geschäfte machen. Man kann eine Menge Spaß haben. Und man lernt das Leben kennen und schätzen.

Für einzelne Sammelstücke oder ganze Sammlungen gibt es andere Handelsforen, spezielle Sammlermärkte, -auktionen und spezialisierte Händler. Und auch für die wirklich wertvollen Kostbarkeiten gibt es Märkte, Auktionen und Ansprechpartner, mit denen man ins Geschäft kommen kann.

So weit, so gut.

Vom Trödel-King lernen heißt siegen lernen!

Doch in diesem Gewerbe gibt es **Regeln und Gepflogenheiten,** die man kennen sollte, wenn man nicht unnötig Lehrgeld bezahlen möchte. Ich habe dieses **Lehrgeld** bezahlt. Im Laufe all der Jahre habe ich eine Menge Erfahrungen sammeln können und müssen, was man alles falsch machen kann. Ich habe mir andererseits auch jede Menge Wissen aneignen können, wie es richtig geht, an wen man sich wendet, wo man welche Informationen bekommt, wie man sich beim Verhandeln besonders geschickt anstellt – mit anderen Worten, wie man sich in diesem Gewerbe erfolgreich durchsetzt, und das heißt: wie man Geld verdient! Denn in diesem Gewerbe (wie in allen anderen auch) sind Wissen und Erfahrung bares Geld wert.

An all diesen **Erfahrungen** will ich Sie im Folgenden teilhaben lassen, damit Sie die typischen Anfängerfehler vermeiden, damit Ihr Trödelmarkt-Tag, Ihre Auktion, Ihre Verhandlungen mit Antiquitätenhändlern und anderen Fachhändlern eine kleine Erfolgsstory und kein Desaster werden.

In diesem Sinne wünsche ich viel Spaß beim Lesen und vor allem beim Anwenden der in diesem Buch zusammengetragenen Erkenntnisse.

(H. G.)

Tipps vom Trödel-King

Wenn man zum Verkaufen auf den Flohmarkt geht, sollte man ein paar Dinge nicht tun:

Falsch: Als Erstes den Tisch ins Transportfahrzeug packen
Richtig: Das, was man zuerst benötigt, zuletzt einladen

Falsch: Auf dem Markt ankommen und sofort den ganzen Stand aufbauen
Richtig: Erst mal einstimmen – Überblick verschaffen, einen Kaffee trinken und ein Schwätzchen halten

Falsch: Ständig mit dem Handy telefonieren oder anderweitig beschäftigt sein
Richtig: Blickkontakt zu möglichen Kunden suchen und die Leute ansprechen

Falsch: Mit schmutzigen Fingernägeln die Ware anpreisen
Richtig: Auf eine gepflegte Erscheinung achten – auch damit gewinnt man die Sympathien der Kunden

Falsch: 10 Jahre alte Teigreste am Küchenmixer oder verstaubte Bücher
Richtig: Ware vorher reinigen – das erhöht die Verkaufschancen

Falsch: Regenplane irgendwohin stopfen
Richtig: Die Plane griffbereit haben, wenn es zu regnen anfängt

Ein **Gegenstand** ist so viel **wert**, wie ein **Kunde** bereit ist, dafür zu **zahlen!**

Vom Biedermeier-Sekretär bis zur Milchkanne

Wie man Werte ermittelt

2

Die Frage aller Fragen

Wer sich erst einmal dazu durchgerungen hat – aus welchem Grund und mit welchem Ziel auch immer –, einen Keller, einen Dachboden, eine Garage, eine Scheune oder vielleicht sogar ein ganzes (geerbtes) Haus komplett leer zu räumen oder von überflüssigem Ballast zu befreien, dem stellt sich als Trödel-Amateur vor allem eine Frage: **Wie kann ich feststellen, was die Dinge, von denen ich mich trennen will, wert sind?**

Und wir reden hier davon, was sie *wirklich* wert sind, nicht davon, was der Einzelne glaubt, was sie wohl wert seien, oder hofft oder gar möchte, dass sie etwas wert seien. Nach all den Jahren, in denen ich im Handel mit Trödel und antiken Kostbarkeiten viele Erfahrungen habe sammeln können, kann ich nur sagen: Die wenigsten Dinge sind so viel wert, wie die meisten Menschen glauben, dass sie es seien.

Zerstörte Hoffnungen

Wie oft ich die Hoffnung, dass diese »altertümliche Schreibmaschine von achtzehnhundertsowieso doch was wert sein müsste«, habe zerstören müssen, kann ich nicht mehr zählen. Von diesen Dingern gibt es eben nach wie vor unzählige Exemplare, und ein vernünftiger Preis ist mangels Interesse – Alter hin, Alter her – einfach kaum zu erzielen, weil es zu wenige Menschen gibt, die bereit wären, dafür Geld auszugeben. Der zu erzielende Preis liegt jedenfalls weit unter dem, was sich die meisten Besitzer oder Erben erhoffen. Und so geht es häufig auch mit Schmuck, alten Möbeln und alten Kameras. Man glaubt zu wissen, sie seien etwas wert, sie sind es aber nicht. Die Folge: Enttäuschung!

Der erste wichtige Schritt auf dem Weg der Wertermittlung von Dingen ist die Frage, ob man Vorkenntnisse über die Dinge besitzt – oder eben nicht. Also:

Entweder man weiß …

… was die Dinge wert sind, weil man sie selbst gekauft hat oder weil man eben sicher ist, dass es sich zum Beispiel bei der Bierhumpen-Sammlung um ausgesuchte, wertvolle Stücke handelt, weil Opa nun mal *der* Bierhumpen-Fachmann diesseits des Urals war.

Hat man solche Kenntnisse, macht es die Sache für wertvollere Gegenstände schon sehr viel einfacher: Dann kann man sich gezielt an Auktionshäuser, an Antiquitätengeschäfte oder an Sammler wenden. Ein großer Vorteil. Einerseits.

Andererseits kann man auch mit diesem Vorwissen üble Enttäuschungen erleben. Denn alle Märkte, auch die für zum Beispiel Kunst, unterliegen Schwankungen: Wer vor 20 Jahren eine Lithografie von Picasso für 20.000 DM gekauft oder geschenkt bekommen hat, erzielt dafür nicht zwangsläufig heute den gleichen Betrag (in Euro umgerechnet) oder gar mehr. Sie kann im Zweifel sogar sehr viel weniger wert sein. Selbst wenn man sich an ein fachkundiges Publikum wendet. Oder gerade dann.

… oder man weiß nicht …

… ob die Dinge etwas wert sind. Das ist leider sehr viel häufiger der Fall. Zum Beispiel bei Erbschaften. Wurde da mit Sachverstand in Antiquitäten, in Kunst, in Fingerhüte oder Modelleisenbahnen investiert? Oder war es eine ungezielte Sammelleidenschaft, bei der nicht sonderlich auf Qualität und Wertzuwachs geachtet wurde? Ist das also wirklich eine wertvolle Biedermeier-Kommode, die Onkel Heinrich im Wohnraum stehen hatte? Und wenn ja, was ist sie wert?

Unkenntnis herrscht aber vor allem über den Wert all des Trödels vor, über all die Alltagsgegenstände, die im Keller oder in der Garage jahre- oder jahrzehntelang vor sich hin schlummerten. Die meisten Menschen haben einfach keine Ahnung, ob all die Kaffeemühlen und Glasvasen, die Kerzenständer, Kaffeebecher, Schirmständer, Kameras, Kaminuhren und Dampfmaschinen nun einfach nur Billigtrödel für 1 oder 2 Euro sind oder ob sich nicht doch ein Schätzchen darunter befindet.

Widmen wir uns also zunächst einmal der großen Warengruppe all der Alltagsgegenstände, die man am besten auf einem Trödelmarkt anbieten sollte, sowie der Frage, wie man für diese Dinge den aktuellen Wert ermittelt.

Den wahren Wert von Trödelware erkennen

Der Erfolg eines langen Trödeltages hängt erheblich davon ab, ob man mit realistischen Preisen für sein Angebot ins Rennen geht. Was also kann man für die Milchkanne von Oma noch nehmen, was für die alte Lego-Sammlung vom Sohnemann, der sich mittlerweile als Chefarzt durchs Leben schlägt, und was ist wohl die Lebkuchenbackform wert, die man vor 20 Jahren zum Geburtstag geschenkt bekommen hat?

Ein erster Anhalt

Grundsätzlich bestimmen vier Faktoren den Wert eines jeden Gegenstandes:

Alter: Ist der Kerzenständer aus dem 18. Jahrhundert oder von 1980?

Material: Ist die Blumenvase aus einfachem Industrieglas gepresst oder besteht sie aus mundgeblasenem Murano?

Zustand: Was wird wohl ein Puzzle wert sein, das nicht vollständig ist? Genau! Nichts!

Künstlerischer bzw. ideeller Wert: Für ein Bild mag es auf dem seriösen Kunstmarkt keine Nachfrage geben, es kann aber dennoch etwas wert sein! Der künstlerische bzw. ideelle Wert liegt in diesem Fall jedoch im Auge des Betrachters und ist nur schwer ermittelbar.

Darüber hinaus gibt es im Wesentlichen zwei Wege, einen realistischen Wert für typische Trödelware zu ermitteln.

1. Besuchen Sie Trödelmärkte!

Um ein Gefühl für das aktuelle Preisgefüge von Trödelware zu bekommen, gibt es nichts Besseres, als – richtig! – Trödelmärkte zu besuchen und hier ausgiebigst zu flanieren. Schauen Sie genau hin, **notieren Sie Preise** und Zustand der angebotenen Ware.

Für die meisten Dinge, die Sie selbst auch irgendwann verkaufen möchten, werden Sie auf einem solchen Trödelmarkt eine Entsprechung finden! Laternen, Porzellanfiguren, Weinpokale und Stehleuchten, so oder so ähnlich wie die in Ihrem Keller, gibt es auf jedem Trödelmarkt immer wieder zu entdecken. Sie werden sehen, welchen Preis die Händler dafür aufrufen. So erhält man ein Gefühl für die Marktlage.

Und man wird schnell feststellen, dass so manches als »Unikat« angebotene Stück fünf Stände weiter einen nahezu gleich aussehenden Zwillingsbruder besitzt und noch mal fünf Stände weiter eine Zwillingsschwester. Sie glauben ja nicht, wie groß so eine Trödel-Familie aus angeblichen Unikaten sein kann.

Wenn Sie kein entsprechendes Stück zu einem Gegenstand aus Ihrer Trödelware finden, **fragen Sie gezielt andere Händler.** Scheuen Sie sich nicht, vor allem Profis auszufragen über das Preisgefüge auf Trödelmärkten. Die Erfahrung von alten Hasen abzuschöpfen kann Ihnen bei der Preisfindung für Ihre Trödelware enorm weiterhelfen.

Tipp vom Trödel-King

Die Peitsche knallt am Ende!

Das Auktionshaus eBay bietet für die Preisfindung einen besonders wertvollen Service an: Als Suchkriterium kann man den Button »**Beendete Auktionen**« anklicken, sodass zu einem gesuchten Artikel lediglich diejenigen Auktionen oder Verkaufsangebote (Festpreis) herausgefiltert werden, die bereits abgeschlossen sind. Denn die Peitsche knallt gewöhnlich am Ende! Erste frühe Gebote sagen ebenso wenig wie verlangte Festpreise etwas über den tatsächlichen Marktwert eines Gegenstandes aus. Erst wenn die Auktion abgelaufen ist, wird man ablesen können, für welchen Preis bestimmte Gegenstände tatsächlich den Besitzer gewechselt haben und wer mit seiner Preisvorstellung auf seinem Angebot sitzen geblieben ist, weil das geforderte Mindestgebot oder der Festpreis einfach zu hoch waren.

2. Surfen Sie im Internet!

Eine weitere Recherche-Möglichkeit zur Preisfindung bietet natürlich das Internet. Internet-Auktionshäuser ebenso wie alle Internet-Kleinanzeigenmärkte oder Internet-Flohmärkte bieten einen hervorragenden Überblick über die (geforderten und tatsächlich bezahlten) Preise von allen nur erdenklichen Gegenständen.

Eine ausführliche Beschreibung der wichtigsten Internetadressen, der jeweiligen Angebote und Zielgruppen finden Sie —> Seite 128 ff.

Schätzchen und Schätze erkennen – Antiquitäten, Kunst und seltene Sammlerstücke

Ob Chaiselongue, Halskette, Ölbild, Glaspokal, Uhr, Tafelsilber, Münzen oder was auch immer: Für den Laien ist es gar nicht so einfach herauszufinden, ob es sich um ein kleines Schätzchen oder gar einen veritablen Schatz handelt. Im Zweifelsfall kann oft nur ein Fachmann weiterhelfen, an den man sich mit der Bitte um Beurteilung wendet. Er wird den betreffenden Gegenstand mithilfe von **Qualitäts- und Wertkriterien** überprüfen und Ihnen vielleicht auch einen Preis nennen, den Sie verlangen können. Sinnvoll sind sicher auch weitere Preisrecherchen, und zwar über das Internet und/oder über andere Spezialisten (Händler, Auktionshäuser, Museen, Sammler), die den Markt genau kennen.

Auch für die Schatzsuche gilt: Surfen Sie im Internet!

Sollte sich der Verdacht erhärten, dass die Münzsammlung, die Uhr, die Kommode oder das Bild tatsächlich etwas wert sein könnte, dann gilt wie bei der Preisrecherche für Trödelware auch: Nutzen Sie in einem ersten Schritt das Internet, surfen Sie auf den betreffenden Seiten der **Auktionshäuser, Kleinanzeigen und Sammlerforen** (—> Seite 128 ff., mit Beschreibung dieser Webseiten). Auf diesen Seiten können Sie gezielt nach vergleichbaren Gegenständen suchen und ermitteln, was Interessenten bereit sind, dafür auszugeben.

Und auch hier gilt: Nutzen Sie den Service von eBay, über den Button »Beendete Auktionen« lediglich diejenigen Auktionen oder Verkaufsangebote (Festpreis) herauszufiltern, die bereits abgeschlossen sind, um so feststellen zu können, welchen Preis bestimmte Gegenstände tatsächlich erzielt haben und wer seine Preisvorstellung nicht hat durchsetzen können.

Vor allem für die Schatzsuche gilt: Spezialisten fragen!

Was man im Internet kann, nämlich Experten fragen, kann man natürlich auch auf direktem Weg tun. Ich wende mich im Zweifel auch immer an Spezialisten, um herauszubekommen, ob ein Gegenstand eventuell tatsächlich ein heiß begehrtes Sammlerstück oder eine kostbare Antiquität ist und vor allem, wie viel das betreffende Teil wert ist. Getreu meinem Motto: **»Man muss nicht alles selber wissen, aber man muss immer jemanden kennen, der weiß, was man wissen will!«**

Will heißen: Suchen Sie im Internet oder in den »Gelben Seiten« nach Händlern, Auktionshäusern, Museen oder Sammlern, die Ihnen Auskunft erteilen können. Kleinere Teile wie Münzen oder Kameras kann man direkt mitnehmen und »live« begutachten lassen.

Größere Gegenstände wie Möbel etc. sollte man fotografieren (inkl. aller Details, auch der Gebrauchsspuren und Beschädigungen) und zunächst einmal auf diesem Weg eine erste Meinung und Preisschätzung einholen. Sollte es nötig sein, kann man später immer noch einen Besichtigungstermin arrangieren.

Mögliche Anlaufstellen für eine Wertermittlung können sein:

- **Vereidigte Gutachter von Versteigerungshäusern**
- **Kunstauktionatoren** aus Kunstauktionshäusern für Bilder, Drucke, Plastiken, Antiquitäten etc.
- **Antiquitätenhändler** für die Begutachtung von antiken Möbeln oder anderen antiken Gegenständen wie Porzellan etc.
- **Möbelpolsterer** können bisweilen ebenso zu antiken oder anderen hochwertigen Möbeln Auskunft erteilen.
- **Briefmarken- und Münzenhändler**
- **Händler alter Wertpapiere** für alte Aktienpapiere
- **Musikinstrumentenhändler und -hersteller**

Kamerahändler
Spezielle Geschirr- und Gläserbörsen
Uhrenhändler
Antiquariat für alte Bücher
Juweliere für Schmuck
Puppenwerkstatt, Puppendoktor für alte Puppen
Teppichfachhandel für Gobelins und Teppiche
Händler von Sakralkunst für Heiligenfiguren, Kruzifixe etc.
Modelleisenbahnhändler

Sammler, Sammlerkataloge und Museen

Für Sammelobjekte – ob Überraschungseier, Puppen, Münzen, Spielzeugautos, Elastolin-Figuren, alte Filmprogrammhefte oder vieles andere mehr – sei hier Internet-Auktionsportale für Sammler sowie auf Sammlerforen hingewiesen (ausführliche Besprechung —> Seite 139) hingewiesen. Auf diesen Webseiten wird man mit ein bisschen Glück nicht nur Preise recherchieren können, sondern auch auf Händler und (private) Sammler stoßen, die man zur Preisrecherche befragen kann. Händler (ebenso wie passionierte Sammler) sind in der Regel auch im Besitz spezieller Kataloge, in denen man nachschlagen kann.

Und für nicht wenige Sammelobjekte gibt es meist auch irgendwo in Deutschland ein entweder kleines privates oder auch öffentliches **Museum**. Auch diese kann man um ein Gutachten oder eine Preiseinschätzung seiner Sammelobjekte bitten. Welche Museen wo sitzen und für was sie zuständig sind, lässt sich in Museumsführern (erhältlich im Buchhandel) oder (am einfachsten) über das Internet recherchieren (—> Seite 143).

Tipp vom Trödel-King

Immer eine zweite und vor allem unabhängige Meinung einholen!

Bei wertvolleren Bildern, Antiquitäten, Schmuck oder anderen begehrten Sammlerstücken sollte man sich hinsichtlich der Preisschätzung nie allein auf eine Meinung verlassen. Holen Sie immer eine zweite Meinung von einem anderen Spezialisten ein.

Und mindestens eins der vorgenommenen Gutachten sollte von jemandem stammen, der an dem begutachteten Gegenstand kein Händlerinteresse hat! Denn wenn ein Händler den geschätzten Gegenstand eventuell später ankaufen soll, um ihn dann weiterzuverkaufen, wird er den Ankaufspreis natürlich möglichst niedrig ansetzen, um später beim Verkauf eine höhere Verdienstspanne zu erzielen.

Suchen Sie also entweder einen **unabhängigen Spezialisten,** der nicht auch handelt, oder signalisieren Sie einem Händler, dass Sie lediglich eine Preiseinschätzung nachsuchen und den geschätzten Gegenstand gar nicht verkaufen wollen. So werden Sie eine realistische Preisschätzung erhalten. Die Frage, ob der Händler oder die Händlerin nicht vielleicht doch bereit wäre, den betreffenden Gegenstand anzukaufen, um ihn dann weiterzuverkaufen, kann man später immer noch stellen.

Alles hat seine Ordnung – oder auch nicht!

3

Wann, wie, wo, wie lang und wie viel?

Märkte & Marktordnungen

Trödeln leicht gemacht!

Wer sich den Spaß machen will, auf einem Trödelmarkt all sein Hab und Gut, auf das er fortan verzichten zu können glaubt, in harte Währung zu verwandeln, dem stellen sich zunächst ganz praktische Fragen: Wann findet wo welcher Markt mit welchem Angebot und zu welchen Bedingungen statt? Wie finde ich das heraus? Wie melde ich mich auf einem solchen Markt an? Und was kostet das alles?

Das sind Fragen, die sich einem Profi-Trödler natürlich nicht mehr stellen. Wer jedoch nur hin und wieder trödeln möchte oder gar nur eine einmalige Trödelaktion plant, für den sind diese Fragen nicht ganz einfach zu beantworten. Die Trödel-Landschaft ist nämlich außerordentlich vielfältig und hat in den vergangenen Jahren an Umfang stetig zugenommen. Als Anfänger oder Amateur kann man da schon mal den Überblick und die Orientierung verlieren. Deshalb an dieser Stelle ein paar praktische Tipps, die es Ihnen leichter machen werden, sich zurechtzufinden. Zuvor aber noch ein paar interessante Zahlen.

Ein wenig Statistik vorab

Leider gibt es meines Wissens keine wirklich aktuellen und offiziellen Statistiken und Bilanzen über die Wirtschaftskraft von Trödelmärkten und all den anderen Verkaufswegen (—> Seite 121 ff.) für den privaten und informellen Warenhandel. Das mag daran liegen, dass mit dieser Handelsform in einer wirtschaftlichen Grauzone Geld und Ware bewegt werden, ohne dass ein offizielles Institut, ein Interessenverband oder ein staatliches Kontrollorgan regelmäßig Details erfassen würde.

Aber es gibt wenigstens **Schätzungen und Hochrechnungen**, basierend auf den Daten, die man über die Veranstalter, die Anzahl der Trödelmärkte und ihrer Stände und der an einem durchschnittlichen Tag erzielten Umsätze ermitteln kann. Und die auf diesem Weg ermittelten durchaus imposanten und interessanten Fakten und Entwicklungen möchte ich Ihnen hier nicht vorenthalten.

Trödelmärkte – eine echte Wachstumsbranche

Die Trödel- und Flohmarktbewegung hat in den vergangenen 30 Jahren stetig zugenommen. Waren es 1980 noch ca. 2000 Trödelmärkte, die man in der alten Bundesrepublik zählen konnte, so waren es 1985 bereits 15.000. Für 1985 schätzte man den auf diesen Märkten erzielten Jahresumsatz bereits auf ca. 1 bis 2 Milliarden DM. Wohlgemerkt: DM!

Dieser imposante Sprung wurde durch die weitere Aufwärtsbewegung der nationalen Trödelbewegung der darauffolgenden Jahre aber noch gewaltig getoppt: **Heute gibt es jährlich sage und schreibe ca. 40.00 bis 50.000 Trödel-, Floh- und Sammlermärkte in Deutschland!** Und bei diesen Zahlen sind allein die monatlich in der wichtigsten Zeitschrift der Trödelbewegung, dem *Trödler* (—> Seite 40), von offiziellen Veranstaltern angekündigten Märkte berücksichtigt. Deren Umsätze schätzt man mittlerweile auf eine Milliarde Euro. Addiert man all die kleinen privaten Haus-, Garagen- und Hinterhofmärkte hinzu, darf man heute von schätzungsweise **2 Milliarden Euro Trödelumsatz** ausgehen. Wohlgemerkt: Euro!

Soziologischen Hochrechnungen zufolge dürften ca. acht Millionen Menschen zwei- bis dreimal pro Monat einen Trödelmarkt besuchen und ca. 30 Millionen Menschen immerhin ein- bis zweimal im Jahr. In den Siebzigern und Achtzigern stellten Flohmärkte vielleicht noch eine bunte, in Ansätzen alternative und ein wenig anarchische Subkultur des informellen Handels dar. Und so verhält es sich in Teilen auch heute noch. Doch Trödelmärkte sind mittlerweile für viele Menschen auch zu einem notwendigen Nebenerwerb geworden, weil sie von ihrer Hände Arbeit (oder von staatlichen Sozialleistungen) nicht mehr allein leben können oder wollen.

Man geht davon aus, dass in Deutschland ca. sechs Prozent aller Händler mindestens ein- bis zweimal pro Jahr ihre Verkaufsstände aufbauen und ca. 1,5 Prozent aller Händler Profis sind, die ihren Broterwerb gänzlich aus dem Handel mit Trödel verdienen.

In Ihrem Keller schlummern 1000 Euro – statistisch jedenfalls!

Sie sehen: Die Trödel- und Flohmarktbewegung hat in den vergangenen 20 bis 30 Jahren erheblich zugenommen und sich zu einem gesamtgesellschaftlich zwar nach wie vor eher kleinen, für viele Menschen aber veritablen Nebenerwerbszweig entwickelt. Und Potenzial für diesen Wirtschaftszweig gibt es noch genügend: Das Internet-Auktionshaus eBay hat mittels einer Studie herausgefunden, dass im Durchschnitt in jedem der 30 Millionen deutschen Haushalte das Potenzial von ca. 1000 Euro Trödel schlummert. Es ist also an der Zeit, dass auch Sie mal nachschauen, was sich da so in den Tiefen Ihres Kellers oder Dachbodens, was sich in Ihren Schränken und Kisten im Haus nicht eventuell doch zu Geld machen ließe!

Markttypen und ihr Angebot

Es gibt eine ungeheure Vielzahl an Trödel- und Spezialmärkten mit einem von Fall zu Fall ganz unterschiedlichen Warenangebot. Bevor man also sein eigenes Trödelsortiment aus dem Keller oder vom Dachboden, aus der Scheune oder aus dem geerbten Haus von Oma auf einem öffentlichen Markt anbietet, sollte man sich orientieren, auf welchem Markt man mit welchem Sortiment wohl am besten aufgehoben ist. Im Folgenden sind die wichtigsten Informationen zu den unterschiedlichen Markttypen und ihrem Angebot aufgeführt.

Floh- und Trödelmärkte

Zwar gibt es noch immer die Kommunen, Städte, die Kirchen, private und andere Kleinveranstalter wie Bibliotheken oder Schulen und Kindergärten, die als Initiatoren von solchen Märkten agieren. Die meisten ernst zu nehmenden Floh- oder Trödelmärkte werden jedoch mittlerweile von gewerblichen Veranstaltern organisiert, von Profis also, die den Ablauf, die Organisation, die Standvermietung, die Reinigung und den Verkehr regeln und nicht zuletzt die Standmiete kassieren.

Das auf diesen Märkten angebotene Warensortiment variiert je nach Veranstalter und der von ihm verfügten Marktordnung: Es reicht vom einfachen **Stöbermarkt** mit Krimskrams im unteren Euro-Bereich, auf dem keine professionellen, keine Antik- und auch keine Neuwarenhändler zugelassen sind, über **Märkte mit einem gemischten Angebot**, das von Ramsch über höherwertigen Trödel und kunstgewerbliche Artikel bis hin zu antiker und/oder auch Neuware reicht. (Neuwaren bestehen, das muss man leider sagen, meist aus asiatischem Plastikmüll und zählen nicht unbedingt zur Bereicherung des Marktsortiments.)

Für Besucher wie Händler sind **Mischformen aus Floh- und Wochenmärkten** eine recht angenehme Kombination. Das hier dargebotene Warenangebot hat in der Regel ein gutes, gemischtes Niveau. Und die Kombination aus Wochenendeinkauf und Trödelmarkt zieht in manchen Stadtteilen ein sehr angenehmes – und zahlungskräftiges – Publikum an. Zu diesen angenehmen Mischformen zählen auch die Trödelmärkte, die anlässlich von Stadtteil- oder Straßenfesten organisiert werden.

Tipp vom Trödel-King

Wer sucht, der findet!

Bei ca. 4000 bundesweit und monatlich abgewickelten Trödel- und Spezialmärkten, Börsen und Auktionen ist es für Trödelanfänger und all jene, die nur eine einmalige Trödelaktion planen, natürlich nicht ganz einfach herauszubekommen, welcher Markt der richtige für das entsprechende Warenangebot darstellt. Also gilt als Erstes: Bewerten Sie Ihr Sortiment! Ist es trivialer Alltagskram, ist es eher höherwertiger Trödel, eine Mischform aus beidem oder sind gar sehr viele wertvollere antike Teile darunter, vielleicht sogar wertvolle Sammlungen von Puppen oder Uhren etc.?

Wenn Sie Ihr Angebot bewertet haben und/oder bewertet haben lassen (—> Seite 17 ff.), dann sollten Sie Ihrem Angebot entsprechend einen Markt aussuchen. Der einfachste Weg besteht darin, **mit den Veranstaltern in Kontakt zu treten** (—> Seite 33) und nach dem durchschnittlichen Niveau der angebotenen Ware zu fragen. Wenn Sie Zweifel haben, sollten Sie sich auf die Socken machen und **den ein oder anderen Markt persönlich aufsuchen.** Dann wissen Sie definitiv, welchen Charakter der betreffende Markt hat und ob Sie mit Ihrem Sortiment dazu passen. Für jedes Angebot gibt es einen Markt. Und wer sucht, der findet!

Märkte in Randlagen, auf Baumarkt- und Supermarktparkplätzen oder an Ausfallstraßen sind häufig sowohl vom Angebot als auch vom Publikum her eher einfach. Hierher sind die Betreiber vielfach hingezogen, weil die besseren Standorte in der Stadt bereits vergeben sind.

Auf solchen Märkten werden sehr häufig vor allem eher triviale Dinge im unteren Euro-Bereich gehandelt, was ja nicht verwerflich ist. Man sollte es nur wissen, bevor man sich auf einen solchen Markt begibt. Wer hier glaubt, teure Antiquitäten oder Sammlerstücke verkaufen zu können, ist schiefgewickelt.

Garagen- und Hofflohmärkte werden hierzulande seltener veranstaltet als zum Beispiel in den Vereinigten Staaten, wo es eine regelrechte Garagenmarkt-Kultur gibt. Die Termine und Standorte solcher Garagen- oder auch Hofflohmärkte, bei denen bisweilen der gesamte Hausstand verkauft wird, sind nicht ganz einfach in Erfahrung zu bringen. Meist werden sie in den Lokalblättern angezeigt oder durch Flyer und Zettelaktionen in der Region angekündigt.

Natürlich gibt es auch **stationäre Trödelhallen,** die aber eigentlich eher Ladengeschäfte sind und mit einem ambulanten Trödelmarkt wenig gemein haben. Die hier angebotene Ware dreht sich auch nicht so schnell, dementsprechend weisen Trödelhallen ein nur langsam sich erneuerndes Angebot auf.

Im Winter sind Hallenflohmärkte angesagt. Sie finden nicht so häufig statt, dennoch oder gerade deshalb sollte man frühzeitig buchen, weil sie in der Regel gut besucht sind. Das mag daran liegen, dass es im Winter weniger Möglichkeiten gibt, sich seine Zeit zu vertreiben. Vor allem aber treiben sich hier alle Trödeljunkies rum, die sonst nicht wüssten, wohin mit sich. Tipp: Die Stände an der Außenwand sind etwas teurer, weil man die Wände zur Präsentation der Ware mit benutzen kann.

Auch sogenannte **Nachtflohmärkte** gibt es mittlerweile, wenn auch nicht allzu häufig. Sie öffnen in der Regel am späten Nachmittag gegen 17.00 Uhr und gehen bis 22.00 oder 23.00 Uhr. Genau das Richtige für all diejenigen, die frühes Aufstehen als einen Anschlag auf die Menschenwürde betrachten.

Spezialmärkte und Auktionen

Auf speziell ausgewiesenen **Antikmärkten** darf nur Ware aus der Zeit vor 1920 gehandelt werden. Hier findet man alles: Möbel, Dekors, Porzellan, Spielzeug, Uhren, Schmuck, Kunst und mehr, eben alles, was alt und gut erhalten ist. Dementsprechend ist das Preisniveau relativ hoch. Doch hier treffen sich auch Händler und Konsumenten mit einem entsprechenden Interesse und Niveau. Und das kostet halt.

Weitere **Spezialmärkte** gibt es für alles und jeden: Es gibt Märkte für Fahrräder, Kameras, Puppen, Teddybären, Schmuck, Fingerhüte usw. Diese Spezialmärkte sind nicht selten reine **Sammlermärkte** oder **Sammlerbörsen**. Für Sammler werden zudem in regelmäßigen Abständen **Auktionen** organisiert, auf denen die begehrte Ware angeboten und ersteigert werden kann. Auch hier ist das Preisniveau bisweilen sehr hoch, weil vor allem wertvolle und seltene Stücke gehandelt werden, für die ein Sammlerpublikum bereit ist, sehr viel Geld auszugeben.

Wann und wo?

Die erfolgreiche Terminrecherche

Die erste Frage, die sich bei der Suche nach einem geeigneten Trödelmarkt, nach Spezialmärkten, Sammlerbörsen oder Auktionen stellt, ist: Wo erhalte ich **Informationen zu den Terminen**, dem jeweiligen **Standort** und den **Veranstaltern**, bei denen man sich mit seinem Stand anmelden kann?

Den eindeutig schnellsten und unkompliziertesten Zugriff auf diese Informationen erhält man mittlerweile über das Internet. Auf einigen wenigen Seiten kann man mit ein paar Klicks alle Informationen relativ übersichtlich abrufen. Wer sich mit dem Internet noch nicht vertraut gemacht hat, hat als Alternative zwei Möglichkeiten: Er kann jemanden, der sich mit dem Internet auskennt, um Hilfe bitten oder er greift auf die traditionellen und etablierten Printmedien zurück, in denen er ebenfalls alle wichtigen Informationen findet (—> Seite 40).

1. Terminrecherche im Internet

www.marktcom.de

Eine sehr übersichtlich gestaltete Informationsplattform, auf der man wirklich einfach navigieren kann.

Abrufbar sind **alle Markttermine** für Trödelmärkte, Spezialmärkte und -messen eines Jahres, entweder nach Bundesgebiet, nach Postleitzahl, nach Veranstalter oder Marktkategorie (von Floh- und Trödelmärkten bis zu Antikmärkten, Modellbau, Schmuck, Münzen, Mineralien, Nachtmärkten, Automärkten und vielen mehr) und Datum geordnet.

Jeder Markttermin ist einzeln aufrufbar. Es werden der genaue Standort mit Adresse, Satellitenfotos zur Orientierung, eine elektronische Anfahrtsplanung, Öffnungszeiten, Kontaktmöglichkeiten zu den Veranstaltern (Telefon, Fax, E-Mail, Homepage) angegeben.

Neben einigen anderen Service-Angeboten kann man über den Button **»Sammlerauktionen«** (unterteilt in Rubriken wie alte Technik, Antiquariat, Edelsteine, Glas, Erotica, Postkarten, Reklame, Schmuck, Tabakpfeifen, Vitrinenobjekte, Zinn und vieles mehr) **Einblick in das Angebot eines Internet-Auktionshauses** nehmen. Hier wird eine Vielzahl von Produkten auf elektronischem Weg angeboten und versteigert. Dies kann man zum einen zur Orientierung der gebotenen Preise und damit als Portal zur Wertermittlung eigener Waren nutzen. Selbstverständlich kann man seine eigene Ware dort auch selbst mit Bild und genauer Beschreibung ins Netz stellen, mit einem selbst festgelegten Start- bzw. Mindestgebot und vorgegebener Auktionslaufzeit (funktioniert ganz ähnlich wie eBay).

Tipp: Wenn Sie einen Gegenstand in die Auktion einstellen, verweisen Sie aus rechtlichen Gründen immer darauf, dass der Artikel von privat (und nicht gewerblich) verkauft wird und deshalb weder Garantie noch Haftung übernommen werden. Die von Fachanwälten empfohlene Standardformel lautet: »Es handelt sich um eine Privatauktion; ich übernehme keine Gewährleistung und keine Garantie nach EU-Recht.«

www.flohmarkt.de

Eine zweite Internet-Plattform mit einem einfachen Suchsystem zur Ermittlung von Marktterminen.

Neben einer **Blitzsuche** über die Eingabe einer Postleitzahl kann man über die **»erweiterte Suche«** in eine Suchmaske die gewünschte Zeit, (bundesweit) Postleitzahlen und Ortsnamen eingeben. Die Suchmaschine ermittelt anschließend, welche Märkte in der betreffenden Zeit in der betreffenden Region stattfinden. Die Suche kann man entweder auf **alle Markttypen** ausrichten oder auf **spezielle** (wie Trödelmärkte, Nachtflohmärkte, Schallplattenbörsen, Puppen- oder Weihnachtsmärkte und viele andere Kategorien) einschränken.

Jeder Markt kann mit einem Klick einzeln aufgerufen werden. Genannt werden Standort, Datum, Öffnungszeiten, die Veranstalter, Kontaktmöglichkeiten zu den Veranstaltern (Telefon, Fax, E-Mail, Homepage), ob Reservierungen erforderlich sind oder nicht.

Über einen Button »Aktuelle Berichte« kann man zu ausgewählten Märkten Beschreibungen und Berichte zur Atmosphäre, hin und wieder auch zum Warenspektrum, zum Preisniveau, zur Anzahl der Stände, zum Publikum oder zur Standgebühr aufrufen.

In der Rubrik »Kleinanzeigen« lassen sich die elektronisch angebotenen **Kleinanzeigen** von Waren unterschiedlichster Art durchsuchen (unterteilt in Kategorien wie zum Beispiel Antik, Kunst, Sammeln, Diverses, Schmuck und Hi-Fi). Über den Button »Anzeige aufgeben« kann man auch selbst Ware (mit und ohne Abbildung möglich) mit genauer Waren-

und Zustandsbeschreibung über das Internet anbieten und verkaufen. Das Angebot erstreckt sich von ganzen Haushaltsauflösungen über Lampenschirme bis hin zu Leiterwagen und vielem mehr.

www.gemiverlag.de

Der Gemi-Verlag mit Sitz in Reichertshausen, Herausgeber der Zeitschriften *Sammler Journal* und *Trödler* (die beiden publizistischen »Zentralorgane« der Sammler- und Trödlergemeinde), bietet auf seiner Homepage über den Button **»Termine«** eine Suchmaske, über die sich nach Eingabe der (mindestens ersten beiden Ziffern der) Postleitzahl in der Region die betreffenden Antik-, Trödel- und Flohmärkte ermitteln lassen. Der Zeitraum ist vorgegeben und umfasst die Märkte von ca. einem Monat im Voraus.

Genannt werden Standort, Datum, Art des Marktes (Antik-, Trödel- und Flohmarkt sowie Handwerkermarkt), die Veranstalter sowie eine Telefonnummer des jeweiligen Veranstalters. Auf dieser Liste der Märkte ist jedoch leider keine direkte Verlinkung auf die Homepage der Veranstalter vorgenommen, auch eine E-Mail-Adresse der Veranstalter wird nicht angegeben. Allerdings führt der Button **»Links«** die Internetadressen vieler Veranstalter auf, sodass man über diesen kleinen Umweg weitere Informationen von den Marktveranstaltern einholen kann.

Unter dem Button »Termine« wird darüber hinaus auch noch eine Vielzahl von Ausstellungs- und Messeterminen (mehrheitlich Kunst- und Antikmessen inkl. Adressen, Telefonnummern und Internetadressen) aufgeführt, die für Sammler interessant sein könnten (über die jeweils nächsten Monate, auch Schweiz und Österreich).

Unter dem Button **»Auktionstermine«** findet man eine Vielzahl von Auktionen (Adressen, Telefonnummern und Internetadressen, jeweils für ein bis zwei Monate im Voraus), die eine große thematische Bandbreite abdecken (Uhren, Kunst, Militaria, Schmuck, Bücher, Briefmarken, Glas, Teppiche, Waffen etc.).

www.meine-flohmarkt-termine.de

Eine Internet-Plattform mit einem gleichermaßen einfachen Suchsystem zur Ermittlung von Marktterminen.

Suchkriterien sind entweder bundesweit aufsteigende Postleitzahlen, ein alphabetisches Ortsregister oder die Art des Marktes (von Antik-, Spielzeug- über Sammler- bis hin zu Weihnachtsmarkt und vielen anderen). Den Zeitraum kann man leider nicht näher eingrenzen. Und wählt man einen Spezialmarkt (zum Beispiel »Spielzeugmarkt«) aus, werden entsprechende Märkte von Travemünde bis Passau angezeigt. Eine Ortseingrenzung ist bei diesem Suchkriterium nicht vorgesehen.

Die Märkte sind einzeln aufrufbar. Genannt werden Standort, Datum, Öffnungszeiten, die Veranstalter und Kontaktmöglichkeiten zu den Veranstaltern (Telefon, Fax, E-Mail, Homepage). Auch Kurzbeschreibungen des Marktcharakters, Infos zur Standmiete und zum erlaubten Warenangebot oder darüber, ob Reservierungen erforderlich sind oder nicht, werden bisweilen geboten.

www.meinestadt.de

Manchmal kommt man auch über Umwege zum Ziel. Ein solcher Umweg wäre diese Internetseite, ein Stadtportal mit einer ganzen Reihe von Serviceangeboten. Geben Sie in der entsprechenden Maske der Startseite einfach den Namen Ihrer Stadt oder der nächstgrößeren Stadt ein, klicken Sie auf »Los« und schon öffnet sich das vom Betreiber der Seite kostenfrei zur Verfügung gestellte Serviceangebot in Ihrer Stadt.

Über den Button **»Freizeit«** gelangen Sie auf den Button **»Veranstaltungen«**, den Sie anklicken, um unter der Rubrik »Märkte« auch das **Angebot »Flohmarkt«** anzuklicken. Anschließend öffnet sich ein Fenster mit den vom Betreiber in Ihrer Region ermittelten Trödelmärkten, die wiederum einzeln mit entsprechenden Detailinformationen aufrufbar sind (leider nicht immer vollständig, so fehlen bisweilen Angaben zu den Veranstaltern und wie man mit ihnen Kontakt aufnehmen kann).

www.flohmarkt-termine.net

Eine weitere Internet-Plattform mit einem Suchsystem zur Ermittlung von Marktterminen.

Man wählt aus der Liste (am Bildschirm links) der bundesweit aufsteigenden Postleitzahlen (von 0 bis 9) die gewünschte Region aus, bestimmt auf einer zweiten Liste den gewünschten Monat und erhält anschließend eine Liste der stattfindenden Märkte.

Auch hier sind die Märkte jeweils einzeln mit einem Klick aufrufbar. Genannt werden Standort, Datum, Öffnungszeiten, die Veranstalter und Kontaktmöglichkeiten zu den Veranstaltern (Telefon, Fax, E-Mail, Homepage). Bei manchen Märkten werden auch Informationen zum Warenspektrum gegeben oder zur Reservierung, zur Reinigungskaution etc.

Allerdings könnte die Suchmaschine noch optimiert werden, denn klickt man beispielsweise als gewünschte Postleitzahl die Kategorie 5… an, also alle Städte, deren erste Ziffer eine 5 aufweist, werden auf der anschließenden Marktliste auch Städte wie Aschaffenburg oder Bremerhaven genannt, die nicht wirklich zu der gewünschten Region zählen.

Auch die zweite Suchoption (Button oben: »**Flohmarkt suchen**«) ist eher suboptimal angelegt. Neben dem gewünschten Zeitraum kann man zwar als zweites Suchkriterium auch eine präzise Postleitzahl angeben. Doch genau dies erschwert die Suche, denn dazu müsste man die präzise Postleitzahl des Stadtteils wissen, in dem ein Markt stattfindet. Diese kennen aber in der Regel nur Profis oder geübte Trödler. Als Amateur mit Wohnort im oberbergischen Nümbrecht unweit Kölns weiß man eben in der Regel nicht, welche Postleitzahl beispielsweise Köln-Nippes (50733) hat. Doch selbst wenn man es weiß oder recherchiert hat, muss man leider feststellen, dass diese Suchfunktion selbst bei präziser Angabe der Postleitzahl nicht funktioniert. Es werden jedenfalls keine Ergebnisse angeboten, stattdessen lediglich eine Entschuldigung, dass keine Ergebnisse gefunden werden konnten.

Auf Nummer sicher gehen!

Mit jeder einzelnen der genannten Internetadressen sollte man ein befriedigendes Ergebnis auf der Suche nach geeigneten Märkten erzielen. Wer auf Nummer sicher gehen will, sollte allerdings zur Vorsicht auf allen sechs Seiten recherchieren. Dann dürfte nichts mehr schiefgehen.

Es gibt zwar über die oben genannten Internetseiten hinaus auch noch einige weitere Internetadressen, mit denen man aber deutlich schlechtere oder regional sehr eingeschränkte Ergebnisse erzielt.

Zu erwähnen wären allerdings noch:

www.kinderflohmärkte.de

Eine Internetseite, mit der man bundesweit nach Terminen und Standorten von ca. 150 Kinderflohmärkten (hier gibt es alles rund ums Kind und Baby) in knapp 80 Städten suchen kann. Über den Button **»Termine«** kann man eine Blitzsuche (Leiste links) nach Postleitzahlenbereichen (von 0… bis 9…) durchführen.

Über die Verlinkung »Termine suchen« auf der Startseite gelangt man auf eine Seite mit erweiterter Suchfunktion, die Postleitzahlen, einzelne Orte und einen vorgebbaren Zeitraum als Suchkriterien berücksichtigt.

Per E-Mail kann man sich zudem ein paar Tage vor einem bestimmten Kinderflohmarkt an den Termin erinnern lassen. Ein Kartenservice erleichtert die Orientierung über den jeweiligen Standort der Veranstaltung, mit einem Routenplaner kann man sich schließlich auch die Anfahrt berechnen lassen.

Zu den einzelnen Flohmarktterminen gibt es darüber hinaus Informationen zu den Veranstaltern (ggf. Telefon oder E-Mail), hin und wieder auch zu Standmieten, Öffnungszeiten und zur Versorgung mit Imbiss, Getränken sowie Kaffee und Kuchen.

2. Terminrecherche in Zeitschriften und Zeitungen

Der legendäre *Trödler*

Der *Trödler* vom Gemi-Verlag in Reichertshausen ist sicherlich die **wichtigste Zeitschrift für alle (Profi-)Trödler** und Sammler.

»Das Markt- und Sammlermagazin Trödler« kostet 3,90 Euro (DIN A4), erscheint monatlich und weist einen Marktkalender **mit ca. 4000 Terminen** (ca. 70 Seiten) auf. Ist am Kiosk, an Tankstellen oder in Supermärkten und (Bahnhofs-)Buchhandlungen mit gut bestückter Zeitschriftenabteilung erhältlich. Hier findet man einfach alle Termine zu Trödelmärkten, Sammlerbörsen, Krammärkten oder Stadtfesten. Auch **redaktionelle Beiträge** inkl. Preisinformationen zu typischen Trödel- bzw. Sammlerthemen wie Spielzeug, Puppen, Paper Dolls, Uhrenradios und vielem mehr werden veröffentlicht. Hier finden sich zudem Anzeigen von Anbietern von Marktständen sowie von Marktveranstaltern.

Die *Flohmarkt-Revue*

Auch die *Flohmarkt-Revue* stammt aus dem Hause Gemi. Der **umfangreiche Terminteil** ist quasi identisch mit dem des *Trödler*, aber ohne größere redaktionelle Beiträge. Erscheint zudem nur vierteljährlich. Wird für 1,90 Euro (DIN A5) vor allem auf Floh- und Trödelmärkten verkauft.

Das *Sammler Journal*

Das *Sammler Journal* aus dem Hause Gemi (vormals *Trödler & Sammeln* bzw. *Trödler & Sammler*) ist ein monatlich erscheinendes **Fachjournal vor allem für Kunst- und Antiquitätenliebhaber**. Mit vielen redaktionellen Beiträgen zum Beispiel zu Designmöbeln, Gemälden, Lackkunst, Porzellan oder Schnitzfiguren. Kostet 5,50 Euro und bietet **über 2000 Sammlertermine (Messen, Ausstellungen, Auktionen)**.

Regionale Tageszeitungen und Stadtmagazine

Eine weitere wichtige Quelle für Markttermine und die entsprechenden Infos zu den Veranstaltern stellen selbstverständlich auch die regionalen Tageszeitungen dar mit ihrem **Anzeigen- und Terminteil** der Lokalteile. Stadtmagazine bieten ebenfalls umfangreiche Veranstaltungskalender mit entsprechenden Hinweisen auf Trödelmärkte.

Wie und wie viel?

Anmeldung und Reservierung eines Trödelmarktstandes

Wie bereits gesagt: Die meisten Trödelmärkte werden mittlerweile von gewerblichen Organisatoren veranstaltet, die sich um die Standvermietung, den Verkehr, die Reinigung des Geländes, die Einhaltung der Marktordnung etc. kümmern. Diese Marktveranstalter arbeiten regional oder auch bundesweit und sind für alle Fragen zuständig, die Sie als potenzieller Händler haben. **Mit den Marktveranstaltern können Sie alle Fragen klären**, die Sie eventuell (nach der Recherche über die oben genannten Internetseiten oder die Printmedien) noch haben.

Frühzeitig buchen

Standplätze lassen sich in der Regel telefonisch (oder über Anrufbeantworter) vorbuchen. Die Marktveranstalter haben meist jedoch auch eine eigene Homepage, auf die man auf einer der oben genannten Internetseiten oder in einer der Zeitschriften und Tageszeitungen stößt. Auf der jeweiligen Homepage kann man oft nicht nur Fotos vom jeweiligen Gelände betrachten, sondern vielfach auch ganz einfach per E-Mail einen Stand mieten.

Die Anmeldung sollte **spätestens zwei Tage vor dem Markttermin** erfolgen. Sie haben dann einen Stand sicher und Sie können dennoch Wettervorhersagen in Ihre Entscheidung noch mit einbeziehen. Bei stabiler und guter Wetterlage (—> Seite 68 f.) kann man natürlich auch längerfristige Buchungen vornehmen.

Am Markttag buchen

Bei vielen Floh- und Trödelmärkten *braucht* man sich nicht unbedingt anzumelden. Bei manchen *kann* man sich auch gar nicht vorher anmelden. In diesen Fällen erfolgt die Anmeldung beim Veranstalter vor Ort am Markttag. Wenn man sich (zum Beispiel nach Wetterlage) für diese Form der Teilnahme entscheidet, sollte man aber früh aufstehen**. Spätestens gegen 5.00 Uhr morgens sollte man bereits präsent sein** oder sogar dort vor Ort im Auto übernachten, um mit als Erster am Start zu sein und nachher nicht irgendwo am Rand zu stehen. Die meisten **Flohmarktbetreiber besitzen ein mobiles Büro**, das bereits gegen 4.00 Uhr besetzt ist, um noch Standplätze zu vermieten.

Manche Veranstalter, die eine telefonische oder elektronische Vorbuchung anbieten, erheben bei einer spontanen Buchung am Markttag einen abschreckend hohen **Preisaufschlag** von bis zu 50 Prozent der normalen Standmiete. Der Grund besteht darin, dass die Veranstalter mit Vorbuchungen besser planen können – vor allem die Vermietung der fertig aufgebauten Stände und die logistische Versorgung mit Strom (s. unten).

Reservierte Stände werden bis zu einem bestimmten Zeitpunkt zugesichert, danach verfällt der Anspruch und der Stand kann erneut an einen anderen Interessenten vermietet werden. Auf den meisten Märkten ist zudem die Standplatzberechtigung nicht übertragbar, um damit der Geschäftemacherei mit Standplatzberechtigungen entgegenzuwirken. Manch einer kauft nämlich die Berechtigung und verkauft sie dann an die später Kommenden mit zum Teil erheblichen Aufschlägen.

Zusatzservice: Fertig vormontierte Verkaufsstände mit Zeltdach sowie Stromanschluss

Vor allem wer nur selten trödelt und keine professionelle Trödel-Ausrüstung besitzt, sollte sich überlegen, den Service von manchen Veranstaltern wahrzunehmen, einen fertig aufgebauten Stand, ggf. mit fertig aufgebautem Zeltdach als sinnvollem Hitze- oder Regenschutz, zu mieten. Die Mehrkosten betragen lediglich ca. 15 Euro.

Auch das Angebot, sich einen Stromanschluss gegen Aufpreis legen zu lassen, kann eine Überlegung wert sein, vor allem wenn man viele elektrisch betriebene Warenartikel anbietet. Nichts ist als Verkaufsinstrument überzeugender, als einen Staubsauger oder eine Küchenmaschine laufen lassen zu können.

Den Standort des Standes klären

Man kann zwar einerseits auf vielen Internetseiten der Marktbetreiber online den **Lageplan des Marktes** einsehen. Andererseits sollte man sich aber zur Vorsicht telefonisch oder bei der Buchung vor Ort **nach laufkundschaftstarken Standorten erkundigen.** Und fragen Sie nach einer eventuellen Aufteilung des Marktes und seines Warenangebotes, damit Sie nicht mit Ihrem Angebot (zum Beispiel Trödel) in der Antiquitäten- oder Neuwarenecke landen. Die meisten Veranstalter achten aber schon selbst darauf und fragen aktiv nach Qualität oder Art der Ware.

Bei freier Standortwahl sollte man früh vor Ort sein und dann **den Profis folgen** und sehen, wo die sich niederlassen. Die wissen, welche Standorte gut sind. Und dann heißt es: skrupellos dazwischenmischen. **Tipp: Eckplätze sind besonders gut,** weil da, wie auf einer Kreuzung, das meiste los ist.

Standgebühren

Die Standgebühren variieren natürlich je nach Veranstalter, Angebot des Marktes sowie nach Lage und Stadt. In guter Lage in der Stadt oder stadtnah zahlt man bei **gewerblichen Veranstaltern** zwischen 5 und 12 Euro pro Standmeter für Trödel, ca. 8 bis 15 Euro fallen pro Standmeter für Kunsthandwerk an und ca. 10 bis 20 Euro müssen Sie pro Standmeter für Neuware einplanen.

Kommunen, kirchliche oder andere Träger, die ohne gewerbliche Absichten solche Märkte betreiben, erheben pro Stand pauschal eine Gebühr, die normalerweise zwischen 3 und 10 Euro liegt.

Reinigungskaution

Manche Marktbetreiber erheben eine **Kaution für die Reinigung** des Standes **und für das pünktliche Verschwinden**, die in der Regel so um die 10 Euro beträgt. Sie wird aber zurückerstattet, wenn man den Stand sauber und pünktlich verlässt. (Die Kaution kann je nach Meterzahl und Veranstalter auch höher liegen.)

In der Regel ist der Trödel geregelt!

Marktordnungen und -regeln

In der Regel gibt es keine größeren, schriftlich fixierten und juristisch wasserdichten Marktordnungen. Denn wer Paragrafen reiten will, muss auch den Stallknecht bezahlen, also die Juristen, die die Marktordnung formulieren. Zudem würde man dazu einladen, im Zweifel gegen Marktordnungen oder deren Verletzung Klage vor Gericht zu führen. Das wäre lästig.

Es gibt natürlich einige gesetzliche Auflagen und einige verbindliche (auch ungeschriebene) Regeln, die man kennen und berücksichtigen sollte:

Marktgelände

Das Marktgelände ist begrenzt, die Grenzen dürfen nicht überschritten werden.

Ware

Die Bandbreite der erlaubten Waren (Trödel, Neuware, Antikware, Kunsthandwerk) wird vom Veranstalter definiert und kontrolliert.

Öffnungszeiten, Standauf- und -abbauzeiten

Die Öffnungszeiten (sehr unterschiedlich!) sowie Standauf- bzw. -abbauzeiten **werden vom Veranstalter** (nach Rücksprache mit der jeweiligen Behörde) **festgelegt**. Meist aber beginnen die Standbetreiber bereits eine halbe bis zwei Stunden vor offiziellem Beginn mit ihrem Treiben. Und nicht selten stellen sie auch ein bis zwei Stunden vor dem offiziellen Ende des Marktes den Handel ein, was manche Veranstalter dazu veranlasst, die Standbetreiber auf dem Markt zu halten, indem man die Reinigungskaution erst am offiziellen Ende des Marktes zurückzahlt.

Sonntags darf offiziell in vielen katholischen Regionen (zum Beispiel in Bayern, aber auch in Köln!) entweder gar nicht oder erst ab 11.00 Uhr (Köln!) verkauft werden. An dieser Stelle fordern die Kirchen mit Blick auf den Kirchgang ihr Recht ein. Wenn sonntags erst nach dem Kirchgang getrödelt werden darf, darf man aber in der Regel trotzdem morgens schon gegen 5.30 Uhr seinen Stand aufbauen.

Zufahrt und Parkraum

Für die Regelung des Verkehrs, Sperrung von Zufahrten und die Zuweisung von Parkraum ist in der Regel der Betreiber verantwortlich.

Verkaufsstände und Autos

Verkauft werden darf normalerweise nur am Stand. **Mobile Verkaufsvorrichtungen sind in der Regel nicht erlaubt.** Auf manchen Märkten darf auch nicht aus dem Auto oder Transporter heraus gehandelt oder verkauft werden. Nach ca. einer Stunde der ersten Zufahrt, spätestens nach dem fertigen Aufbau der Stände, müssen die Autos normalerweise vom Marktgelände entfernt werden, um Rettungsfahrzeugen die Zufahrt zu gewährleisten. Wer nach mehrfacher Aufforderung den Anweisungen der Marktbetreiber nicht Folge leistet und sich nicht vom Acker macht, wird kostenpflichtig abgeschleppt!

Auf anderen Märkten wiederum dürfen Autos oder Kleintransporter hinter dem Stand als Stau- oder sogar als Verkaufsraum genutzt werden, was sehr bequem zur sicheren Verwahrung von Waren und für das Aus- und Einpacken der Ware ist. So erspart man sich unnötigen Zeitverlust und vermeidet Parknot!

Standkontrolleure

Angestellte der Betreiber kontrollieren, ob die Buchungen der Stände korrekt eingehalten wurden, überprüfen die Einhaltung der gemieteten Meter, schlichten im Zweifel auch schon mal Territorialkämpfe und greifen klärend bei Diebstahlvorwürfen ein – Letzteres auch gerne in Begleitung städtischer Ordnungshüter (in Zivil). Der Ton zwischen Händlern und Standkontrolleuren kann schon mal etwas rauer ausfallen.

Feuerwehrzufahrten und Fluchtwege

Viele Veranstalter erhalten strenge Auflagen hinsichtlich der einzuhaltenden Fluchtwege und Feuerwehrzufahrten. So müssen teilweise bis zu vier Meter vor dem Stand frei gehalten werden. Diese Freiräume ermöglichen aber angenehmerweise auch, dass die Besucher frei flanieren können und nicht über zum Verkauf stehende Möbel oder Kartons stolpern, auf denen Händler noch ihre Sortimentsteile anbieten.

Wer sich danebenbenimmt …

… darf vom Veranstalter anstandslos vom Gelände verwiesen werden.

Tiere

In der Regel sind Hunde und andere Tiere am Stand nicht erlaubt. Aber wo kein Kläger ist, da ist auch kein Richter. Wenn Ihr Fiffi ruhig im Körbchen vor sich hin döst und niemanden belästigt und auch nicht an den Nachbarstand pinkelt, wird wohl kaum jemand etwas gegen Ihre tierische Begleitung haben.

Verboten ist der Handel mit …

… ausgestopften Tieren, Fellen und Häuten (verletzt allzu oft die Bestimmungen des Washingtoner Artenschutzabkommens; Auskunft darüber, ob etwas verkauft werden darf, gibt die Untere Landschaftsbehörde der jeweiligen Stadt), Pornografie, Waffen, Abzeichen des Dritten Reiches, Drogen, Raubkopien (von CDs, Software, DVDs etc.), Tieren und Arzneimitteln.

Haftung, Garantie, Rückgaberecht

Gibt's nicht. Verkauft ist verkauft. Und es gilt: Gekauft wie gesehen. Wenn also ein Kunde kommt und sich beschwert: »Das Glas ist ja gar nicht aus dem 18. Jahrhundert, wie ich dachte, das ist ja aus den letzten Fünfzigern!«, kann man nur sagen: Pech gehabt.

Mit einem Rückgaberecht oder einer Garantieordnung würde jeder Trödelmarkt zum kompletten Vollchaos. **Trödeln heißt auch immer pokern, Lotterie spielen.** Das gilt ja auch umgekehrt: Man kann als Kunde auch ein Schnäppchen machen und für 20 Euro etwas erstehen, was sich als 500 Euro teures Schätzchen entpuppt. Und kein Kunde würde kommen und die Differenz dem Verkäufer erstatten!

Also: **Zurückgebrachte Ware dürfen Sie ablehnen!** Allerdings sollte man auch keine vollmundigen Garantien geben: »Das Teil hier ist echt

Gold!« sollte man nicht behaupten, wenn es nun mal einfach nur Messing ist. So was tut man nicht! Und wenn sich ein Objekt anders als angekündigt als defekt oder funktionsuntüchtig erweist, sollte man so fair sein und das Geld zurückgeben.

Steuern?

Gelegentliche Flohmarkthändler müssen ihre Einnahmen **nicht versteuern**. Wer professionell auf Trödelmärkten seinem Broterwerb nachgeht (das sind meist jene »Jäger«, die vor allem frühmorgens bei den privaten Händlern auf Schnäppchenjagd gehen, um ihre »Beute« dann später teurer weiterzuverkaufen, dazu —> Seite 71), benötigt einen **Gewerbeschein** (wird hin und wieder vom Gewerbeaufsichtsamt überprüft). Profis müssen auch eine Einkommensteuererklärung abgeben (Betriebsausgaben, Einkommen, Gewinn)!

Doch wo fängt der gewerbliche Handel an, wo hört er auf? Schwer zu entscheiden! Zumal es auf Trödelmärkten keine Rechnungen, keine Quittungen, keine Vorsteuer, keine Registrierkasse und keine Kassenbelege gibt! **Trödelmärkte sind eben nach wie vor kleine anarchische und chaotische Refugien!**

Und das meint der Trödel-King zu Märkten

Mir persönlich sind die Märkte am liebsten, auf denen nur wenig oder am besten gar keine Neuware angeboten wird. Schließlich sind es die alten Dinge, die eine Geschichte haben! Das erleichtert nicht nur den Verkauf, sondern sorgt auch für gute Stimmung, denn beim Anpreisen kann man zum wahren Märchenerzähler werden. Bei Fakten gilt jedoch: Ehrlich währt am längsten.

Nachtflohmärkte reizen mich kaum, und das aus einem ebenso simplen wie auf der Hand liegenden Grund: Die Lichtverhältnisse sind nicht gut. Wenn ich auf der Suche nach etwas Besonderem bin, gehe ich lieber tagsüber über die Märkte, dann kann ich bei Tageslicht alles genau begutachten.

Wer eine größere Sammlung von zum Beispiel Puppen oder Fotoapparaten auf einem Spezial- oder Sammlermarkt verkaufen möchte, muss nicht gleich alle Teile mitnehmen. Oft reichen zunächst einmal Bilder, die man interessierten Kunden zeigen kann, um einen ersten Kontakt herzustellen.

Eine Sorge will ich an dieser Stelle noch loswerden. Sollte irgendwann einmal der Ladenschluss auch für Sonn- und Feiertage freigegeben werden, sieht es für all jene Flohmärkte finster aus, die auf Parkplätzen von zum Beispiel Möbelhäusern und Baumärkten stattfinden. Bleibt nur zu hoffen, dass die Trödler dann auf andere Flächen ausweichen können.

Erst denken,

dann lenken!

Planung ist alles!

Packen, Transport & Standaufbau

4

Packen, Transport & Standaufbau – alles eine Frage der Logistik!

Wenn man erst einmal seine Ware gesichtet und aussortiert hat, eine Wertermittlung vorgenommen und beim Veranstalter einen Stand reserviert hat, rückt der Tag der Tage näher. Die entscheidende Frage, die sich nun stellt, ist: **Reicht für den Transport der eigene Pkw oder benötigt man vielleicht einen Kleintransporter oder Hänger?**

Reicht der eigene Pkw nicht, sollte man zunächst im Freundes- und Bekanntenkreis nach einem geeigneten Transportfahrzeug nachfragen. Wenn weder Ihre Freunde noch Bekannte mit einem Transporter aushelfen können, dann kennt vielleicht einer Ihrer Freunde jemanden, der einen Kleintransporter besitzt und der eventuell bereit ist, ihn auszuleihen. Und das vielleicht sogar umsonst oder gegen kleines Geld. Denn es gilt ja, die Kosten gering zu halten, damit der Gewinn steigt!

Lässt sich im Freundes- und Bekanntenkreis kein geeignetes Transportvehikel auftreiben, bleibt Ihnen nichts anderes übrig, als einen Kleintransporter oder **Hänger** für den betreffenden Trödeltag zu mieten. Kümmern Sie sich frühzeitig um eine Buchung und vergleichen Sie verschiedene Preisangebote. (Ein Hänger ist mehr etwas für Profis bzw. für all diejenigen, die zum Beispiel für ihren Campingwagen bereits eine Anhängerkupplung am Pkw besitzen. Denn die braucht man für einen Hänger.)

Ist die Transportfrage geklärt, heißt es packen. Spätestens am Abend vor dem Markttermin. Und da beginnt für die meisten Trödel-Anfänger

Tipp vom Trödel-King

Entrümpeln heißt nach vorn blicken!

Der Tag des Packens ist für viele Menschen der Tag der bitteren Wahrheit: **Jetzt müssen sie sich von all den Dingen trennen**, die da im Keller jahrzehntelang schlummerten oder als Sammelstücke die Schränke und Vitrinen verstopften. Da wird der ein oder die andere gern schon mal schwach. Dann wird um alles und jedes gekämpft:

»Die Kaffeebecher hab ich doch damals von Oma geschenkt bekommen, die kann man doch nicht einfach verkaufen! Und die Blechspielzeugsammlung, die hat Papa über so viele Jahre gesammelt. Da hing doch sein ganzes Herz dran!«

Ich hab's so oft erlebt: **Viele Menschen haben ein riesiges Problem, sich von Dingen mit Erinnerungswert zu trennen.** Solche Gegenstände sind mit Emotionen förmlich aufgeladen. Und die Vorstellung, diese Dinge weit unter Preis abzugeben an Leute, denen sie eigentlich nichts wert sind und die damit nichts verbinden, schmerzt.

Aber diese Dinge sind eben auch einfach nur Ballast, der Haus oder Wohnung verstopft. Und in vielen Fällen sind diese Dinge auch gar nicht mehr so emotional besetzt, wie man selbst glaubt. Fragen Sie sich bei all diesen Dingen, um die Sie am Tag der Entscheidung mit sich selbst zu handeln beginnen: Wann haben Sie diese Dinge das letzte Mal in der Hand gehabt oder hingeschaut und gedacht, wie schön (oder anrührend) sie doch sind? Wenn Ihnen das vor mehr als zwei Jahren das letzte Mal so ergangen

ist, dann haben Sie de facto keine wirklich emotionale Beziehung mehr zu diesen Dingen. **Was seit Jahren im Keller oder im Schrank verstaubt, ist keine Angelegenheit des Herzens mehr.** Gestehen Sie sich das selbst ein!
Blicken Sie also nicht in die Vergangenheit, blicken Sie in die Zukunft. Denken Sie an den Raum, den Sie gewinnen. Und denken Sie an die Projekte, die Sie vielleicht mit dem Verkauf – auch – dieser Erinnerungsstücke verwirklichen können.

bereits das Problem. Denn **Packen** hat etwas mit Logistik zu tun. Und manch ein Trödler beginnt den eigentlichen Trödeltag bereits mit lautem Fluchen, weil er am Abend zuvor den Verstand nicht eingeschaltet und ohne denselben seinen Pkw oder Transporter beladen hat. Und das Gleiche gilt im Wesentlichen für den **Standaufbau**. Auch hier kann man kleine und kardinale Fehler machen, die einem den Spaß und das Geschäft des ganzen Tages verderben können.

Wenn Sie den eigentlichen Trödeltag entspannt beginnen wollen, dann sollten Sie sich einfach die folgenden Tipps zu Herzen nehmen.

Packen und Transport – die besten Tipps vom Trödel-King

Die besten Transportkisten? Umzugs- und Bananenkartons!

Die wichtigste Packregel! Legen Sie zuvor zweifelsfrei fest, was auf dem Trödel verkauft werden soll – und vor allem, was nicht! Es wäre nicht das erste Mal, dass die Dame des Hauses ihrem Gatten (und seinen Freunden) am Abend das Packen überlässt, ohne ihn zuvor genau eingewiesen zu haben. Ich war schon dabei, wenn am folgenden Morgen die Ehefrau beim Auspacken der Kartons und des Transporters – dem Infarkt und Wahnsinn nahe – feststellen musste, dass ihr Mann den halben Hausstand, inklusive ihrer Pelzmäntel, ihrer gesamten Unterwäsche und ihrer Schmuckschatullen, fein säuberlich verpackt und eingeladen hatte. Vermutlich hätte der Mann das ganze Haus leer geräumt, wenn noch Platz im Transporter gewesen wäre.

Zerbrechliches bruchsicher einwickeln! Ich habe schon alles erlebt! Auch dass das ganze Teeservice und Gläsersammlungen komplett ungeschützt in Umzugskartons gestellt worden waren. Zu meiner großen Verwunderung ist – in diesem Fall jedenfalls – auch nicht ein Teil zerbrochen. Ich weiß nicht, welcher Schutzheilige für Porzellan zuständig ist, eins ist aber sicher: Der hatte an besagtem Tag beide Hände voll zu tun. Also: Alles, was zerbrechlich ist, grundsätzlich in Zeitungspapier einwickeln.

Kartons nach Themen geordnet packen! Der reibungslose Standaufbau beginnt beim Kistenpacken zu Hause! Man sollte möglichst jeweils all die Dinge zusammenpacken, die später am Stand gemeinsam präsentiert werden: also nicht Teller, Tassen und Schalen auf alle Kisten verteilen, sondern nach Möglichkeit in eine Kiste vorsortieren. Das Gleiche gilt für Spielzeug, Klamotten oder Kerzenständer. Das erleichtert nachher den Standaufbau erheblich, weil man so direkt aus den Kisten Themeninseln (—> Seite 82) am Stand aufbauen kann.

Viele Hände, schnelles Ende! Beim Packen der Kisten ebenso wie beim Beladen des Pkw, des Transporters oder Hängers gilt: Bitten Sie Freunde, Bekannte und Verwandte darum, Ihnen zu helfen. Je mehr Leute anpacken, desto schneller ist alles vorbei!

Antizyklisch packen! Beim Beladen des Transportfahrzeugs sollte man exakt das, was man am Trödeltag zum Standaufbau als Erstes benötigt, als Letztes einladen. Und das sind? Richtig! Der Tisch, dann, wenn Sie haben, das Zeltdach oder der (Sonnen-)Schirm und kurz vor der Abfahrt im Morgengrauen als Allerletztes die Kaffeekanne und die Kühlbox mit den frisch belegten Brötchen (und was man sonst noch so zur guten Laune braucht)! Denn genau diese Utensilien werden auf dem Trödelmarkt als Erstes benötigt!

Ladungssicherung in Transporter oder Hänger!

Eine ausreichende Ladungssicherung sollten Sie schon aus versicherungstechnischen Gründen vornehmen. Bei einem Unfall mit ungesicherter oder schlecht gesicherter Ladung kommt keine Versicherung auf, auch und gerade bei Personenschäden nicht.

1. **Kartons** werden im hinteren Bereich der Ladefläche gestapelt und mit Zurrbändern und Spanngurten über Kreuz gesichert.

2. **Schwere Kartons und Kisten** beim Beladen von Hängern oder Kleintransportern gehören nach unten. So liegt der Schwerpunkt des Fahrzeugs weiter unten und man läuft bei Ausweichmanövern nicht so schnell Gefahr, auszubrechen bzw. zu kippen.

3. **Möbel, Fahrräder und andere lose Teile etc.** werden vor die gestapelten Kartons und Kisten, die im hinteren Bereich der Ladefläche gesichert sind, gestellt und ebenfalls mit Zurrbändern (auch am Boden) gesichert. Wolldecken zwischen den einzelnen sperrigen Teilen verhindern, dass es zu Beschädigungen kommt.

An was man sonst noch alles denken muss

Verpackungsmaterial nicht vergessen! Zum Service am Kunden und nicht zuletzt als Verkaufsargument gehört die Möglichkeit, dass man all die Trödel-Kleinteile, vor allem aber Gläser, Porzellan und andere zerbrechliche Gegenstände, in Zeitungspapier oder Luftkissenfolie einwickeln und zum Transport in eine Kunststoff- oder Papiertüte packen kann. So mancher Deal ist schon geplatzt, weil der potenzielle Käufer nicht wusste, wie er die teuren Weinpokale denn unfallfrei nach Hause transportieren sollte.

Verpflegung für den Trödeltag! Die Möglichkeiten, sich auf einem Trödelmarkt an offiziellen Schnellimbissständen zu verpflegen, sind manchmal nicht jedermanns Sache. Wenn Sie nicht genau wissen, welche Stände mit welchem Angebot anwesend sind und ob Ihnen das Angebot überhaupt gefällt, sollten Sie die Verpflegung der Trödelmannschaft lieber selbst in die Hand nehmen und von zu Hause aus mitnehmen. Und die darf ruhig kalorienreich und üppig sein. So ein Trödeltag ist nämlich lang und anstrengend. Da braucht man was zwischen den Backen, wenn man schon um 6.00 Uhr gefrühstückt hat! Denn früh Aufstehen und die Lage checken ist und bleibt das erste Gebot.

Handpflege! Der Weg bis zum nächsten Wasserhahn und Seife ist auf manch einem Markt je nach Standort des Standes zu weit, um sich öfter mal zwischendurch die Hände zu waschen. Da helfen feuchte Erfrischungstücher.

Schuheinlagen! Für die kalte Jahreszeit sind wärmende Schuheinlagen (unten Alufolie, oben Schafswolle) unabdingbar, denn die Kälte kommt von unten! Zusätzlich kann man den Boden hinter dem Verkaufsstand noch mit Pappkarton auslegen.

Plastikplanen! Zum Schutz der Ware gegen etwaige Regengüsse benötigen Sie dünne reißfeste durchsichtige Planen, auch wenn Ihr Stand überdacht sein sollte, denn es regnet auch schon mal gern quer rein.

(Kopf-)Taschenlampe! Für den Standaufbau frühmorgens im Dunkeln sollten Sie eine Taschenlampe griffbereit haben. Für Mehrfachtrödler lohnt sich auch der Kauf einer Kopftaschenlampe (wie sie zum Beispiel Jogger benutzen) oder man leiht sie sich bei Freunden.

Der Standaufbau – die besten Tipps vom Trödel-King

Achtung, Revierkämpfe! Trotz aller Marktpläne, trotz Vorreservierung und Standaufsicht durch die Veranstalter kommt es immer wieder zu Reibereien um den einen Meter nach links oder rechts. Der angeschlagene Ton kann dabei durchaus auch ein wenig heftig werden. Sollte man aber nicht zu ernst nehmen. Man sollte sich aber auch nicht die Butter vom Brot nehmen lassen. Wer auf Nummer sicher gehen will, sollte einen vom Veranstalter vormontierten Stand anmieten.

Ein Tisch sollte es schon sein! Alles andere – ob umgedrehte Kartons oder einfach auf den Boden gelegte Decken – wirkt armselig! Die einfachste Tischvariante stellt ein kostengünstiger Tapeziertisch dar, der allerdings nicht für wirklich schwere Gegenstände geeignet ist. Für Trödler, die mehrmals im Jahr losziehen wollen, gibt es in Baumärkten aber durchaus auch stabilere Mehrzwecktische in verschiedenen Längen.

In die Tiefe des Raumes gehen! Wer ein besonders umfangreiches Trödelsortiment anbieten und die Standmiete dennoch begrenzen will, wird mit der angemieteten Meterfront allein nicht zurechtkommen. Mit einem kleinen Trick kann man jedoch die Meterfläche um das Doppelte oder Dreifache nutzen: Sie benötigen dazu allerdings mindestens zwei, noch besser drei Tische. Und diese stellen Sie nicht parallel zur Laufrichtung des Trödelganges, sondern im rechten Winkel dazu auf. Sie nutzen somit die ganze Tiefe des angemieteten Raumes und können auf diesem Weg die Stellfläche für Ihren Trödel enorm vergrößern.

Tischlein, deck dich! Ob es nun ein Tapeziertisch oder eine etwas stabilere Tischversion ist, auf der die Ware angeboten wird: Besonders hübsch sind solche Tische nicht! Weil das Auge aber nun mal mitkauft, sollte man seine Ware auf Tischdecken, großen Tüchern oder sogar Samtdecken präsentieren. Porzellan beispielsweise wirkt optisch gleich viel edler, wenn es auf eine unifarbene Samtdecke platziert wird. Auch Schmuck, womöglich noch glänzender Gold- oder Silberschmuck mit farbigen Steinen, macht sich auf einem unifarbenen dunklen Untergrund sehr viel besser als auf der nackten Holz- oder hellen Resopalplatte eines Standtisches. Aber beachten Sie: Weiß ist generell zu steril. Gut sind Grün, Blau oder auch, je nach Ware, Schwarz (zum Beispiel für Silberschmuck!).

Stand nach vorn mit Stoff abhängen! Den Bereich vor der Tischplatte kann man mit Stoffbahnen verhängen. Wenn die Tisch- oder Samtdecken, auf denen man die Ware präsentiert, groß genug sind, kann man diese auch über den Tischrand herunterhängen lassen. Das erfüllt den gleichen Zweck. Der Stand macht dann einen kompakteren geschlossenen Eindruck, wirkt eher wie ein richtiger Verkaufstresen. Hinter den herunterhängenden Stoffbahnen kann man zudem Kartons mit Ware unterbringen, die man nach dem Abverkauf der Waren auf dem Tisch immer wieder nachlegt.

Zeltdächer gegen Regen – und Sonnenschein! Wer nur sehr selten trödelt, sollte je nach Wetterlage auf das Angebot der Veranstalter zurückgreifen und einen bereits fertig aufgestellten, überdachten Stand anmieten. Wer öfter trödelt, sollte sich im Baumarkt eines dieser erschwinglichen Ruckzuck-Dachzelte besorgen, die schnell aufgebaut sind, ein Territorium klar abgrenzen und ein Gefühl von Geschäftsräumlichkeit vermitteln.

Auf den Sonnenstand achten! Man kann es sich ja nicht immer aussuchen, aber wenn Sie die Möglichkeit haben, dann reservieren oder suchen Sie sich einen Stand, der so ausgerichtet ist, dass der Tisch aus Kundensicht vom Sonnenlicht gut ausgeleuchtet ist. Das heißt, als Standbetreiber sollte man die Sonne möglichst nicht im Rücken haben.

Podeste bauen oder Vitrinen aufstellen! Wer Zeit und Geschick mitbringt, kann – zum Beispiel für die Präsentation von Schmuck oder von besonderen Dekorationsstücken – im hinteren Tischbereich mit abgedeckten leeren Kartons kleine Podeste bauen. Für etwas wertvolleren Schmuck oder andere kostbare Kleinteile kann man auch Vitrinen aufstellen. Letzteres ist aber eher eine Investition für Trödler, die häufiger mit solchen Angeboten auf die Märkte ziehen. Und Vitrinen erhält man wo? Richtig! Auf dem Trödelmarkt!

Vier Tipps zur Diebstahlsicherung

Auf einem Trödelmarkt geht es nicht anders zu als im normalen Leben. Auch hier gibt es hin und wieder kleine und große Gauner – vor und hinter dem Verkaufsstand. Wenn Sie sich als Händler gegen mögliche Langfinger im Publikum schützen wollen, sollten Sie die folgenden einfachen, aber durchaus effektiven Tipps berücksichtigen.

1. Wertvollere Teile im hinteren Teil des Standes zur Schau stellen. Hier befinden sie sich nicht in der direkten Zugriffszone und mehr in der Obhut des Standbesitzers.

2. Wertvollen Schmuck und andere ausgewählte Kleinteile in abschließbaren Vitrinen präsentieren. Das ist wohl der beste Schutz vor Diebstahl. Es signalisiert darüber hinaus die Wertigkeit der Ware, was bei Preisverhandlungen auch nicht schlecht ist. Wenn ein Kunde erst mal ein Teil aus der Vitrine in der Hand hält, kann er sich ja nicht selten kaum noch davon trennen – er hat es sich nicht umsonst gezielt herausgeben lassen!

3. Stellen Sie Ihre Ware übersichtlich in Reih und Glied auf. Gläser, Besteck, Spielzeug wie Puppen oder Plüschtiere zum Beispiel können Sie übersichtlich in Gruppen von jeweils drei oder fünf Teilen nebeneinander präsentieren. Übersicht schreckt Langfinger ab! Man kann nämlich jederzeit mit einem Blick kontrollieren, ob etwas fehlt.

4. Stellen Sie im Bereich hochwertiger Ware ein Schild auf: »Bitte nicht berühren!« Bei Interesse kann man die Teile dem Interessenten ja reichen. Aber die Schild-Nummer ist ein zweischneidiger Tipp: Einerseits heben Sie damit die Hemmschwelle, dass alle und jeder in Ihrem Sortiment herumgrapschen (was in Stoßzeiten durchaus viele Hände sein können!). Und damit senken Sie sicherlich auch die Gefahr des Diebstahls. Andererseits wirkt ein Schild dieser Art immer auch ein wenig abschreckend auf ganz normale Kunden. Ein solches Schild ist also am ehesten für Trödelmärkte mit sehr hoher Besucherfrequenz geeignet.

Nichts in den Gang stellen! Weder Kleiderständer noch Bücherkisten sollten vor den Stand gestellt werden. Das widerspricht in der Regel erstens den Sicherheitsvorschriften der Veranstalter (Fluchtwege, Feuerwehrzufahrt). Zweitens erzeugt man mit solchen Gerätschaften vor allem während der Hauptbesuchszeit Engpässe, aus deren Gedrängel die meisten Leute sich schnellstmöglich entfernen wollen – sie fliehen also geradezu von Ihrem Stand. Was aber nicht der Sinn der Veranstaltung ist! Oder sie stolpern über Ihre Kisten und Ständer. Auch das dient nicht zur Hebung der allgemeinen Kauflaune. Stellen Sie Kleiderständer neben oder hinter den Verkaufsstand. Bücherkisten gehören ebenfalls neben oder auf den Verkaufsstand.

Zeltdach zur Präsentation nutzen! Wer an seinem Stand über ein Zeltdach verfügt (vom Veranstalter oder selbst aufgebaut), sollte den Raum darunter auch zur Präsentation der Ware nutzen: Tücher, Stiefelpaare, Klamotten, Lampen und vieles mehr kann man nämlich im Gestänge aufhängen. Augenfälliger kann man seine Ware kaum feilbieten!

Verlassen Sie Ihren Stand sauber! Zum Standaufbau gehört irgendwann auch der Standabbau. Verlassen Sie Ihren Stand immer sauber! Wenn Sie es schon nicht aus Anstand und Umweltbewusstsein tun, dann wenigstens, um Geld zu sparen: Wer seinen Stand sauber hinterlässt, erhält vom Veranstalter nämlich die bei der Standreservierung entrichtete Müllkaution zurück. Und das wiederum hebt den Gewinn!

Für viele ist der **Weg** am ersten
Hindernis bereits zu **Ende.**
Für **Erfolgreiche** fängt er
jetzt erst an!

5

Erfolg ist kein Zufall!

Die wichtigsten Trödel- und Verhaltensstrategien

Trödeln ist und bleibt ein Geschäft!

Bei allem Spaß, den Trödeln machen kann – es ist und bleibt ein Geschäft! Welche Erwartung man an das Geschäft hat, hängt – neben der Qualität der angebotenen Ware – natürlich von der inneren Erwartungshaltung ab.

Wer sich nur hin und wieder ein kleines Taschengeld dazuverdienen möchte und ansonsten vor allem Spaß am bunten Flohmarkttreiben und an der Begegnung mit Menschen hat, der wird mit einem anderen Erlös zufrieden sein als jemand, der den halben Hausstand verkaufen will, weil er seiner Angebeteten eine Hochzeitsreise auf die Philippinen versprochen hat. Und Profis, die vom Trödeln leben, gehen betriebswirtschaftlich mit einer noch mal sehr viel härteren Kalkulation an ihre Trödel-Bilanzen heran. Die Trödel-Spannbreite ist also relativ groß.

Geld regiert auch die Trödelwelt!

Was ich aber in all den Jahren kein einziges Mal erlebt habe, ist, dass es jemandem egal gewesen wäre, ob er etwas verdient oder nicht. Verdienen will auf einem Trödelmarkt jeder. Und zwar keine Anerkennung! **Verdienen wollen vor allem alle eins: Geld!** Und das ist ja nicht ehrenrührig. Geld ist zwar nicht alles, aber ohne Geld ist doch (fast) alles nichts.

Ob man jedoch Geld verdient, ob man verhältnismäßig viel oder verhältnismäßig wenig verdient, ist keine Frage des Glücks. Mit dem gleichen Sortiment kann man nämlich ganz unterschiedliche Ergebnisse erzielen. Erfolg ist kein Zufall. Erfolg hängt vor allem davon ab, ob man die wichtigsten Trödel- und Verhaltensstrategien kennt und einigermaßen beherzigt.

Also kommen im Folgenden die wichtigsten Tipps zur richtigen Kalkulation, zur richtigen Marktauswahl, zum richtigen Verhalten am Stand (ganz wichtig!), zur richtigen Präsentation des Sortiments und zum Trödelgeschäft allgemein. Und das beginnt nun mal, wie jedes Geschäft, mit einer Kalkulation. Doch keine Angst, dazu benötigen Sie keine großen betriebswirtschaftlichen Kenntnisse. Es ist im Grunde ganz einfach. Man muss es nur machen, wenn man vermeiden will, am Ende vielleicht sogar draufzuzahlen. Denn dann wird's schon mal gar nichts mit der Hochzeitsreise auf die Philippinen!

Die Trödel-Kalkulation

Einnahmen ermitteln!
Im Vorfeld der Entscheidung, ob Sie wirklich auf einen Trödelmarkt gehen wollen, sollten Sie zunächst einmal Ihr **Sortiment ordnen** und sich einen Überblick verschaffen, was und wie viel Sie da eigentlich in welcher Qualität verkaufen wollen. Nehmen Sie dann eine **grobe Wertermittlung** vor. Das ist vor allem für Anfänger nicht ganz einfach, weil sie keine Kenntnisse vom gängigen Preisgefüge auf Trödelmärkten haben. Doch auch denen kann geholfen werden: Die wichtigsten Tipps dazu finden Sie —> Seite 17 ff. Größter Fehler der meisten Amateure: Sie setzen den zu erzielenden Betrag zu hoch an. Also: **Gehen Sie realistisch an Ihre Schätzung!** Als Nächstes sollten Sie unbedingt alle …

Kosten checken! Als da wären…

Standgebühren. (—> Seite 43 f.)

Transportkosten. Müssen Sie für sperrige Teile möglicherweise einen Hänger oder Kleinlaster mieten?

Reparatur- und Reinigungskosten. Ob sich im Einzelfall dieser Aufwand tatsächlich lohnt, sollte zuvor ermittelt werden, dazu —> Seite 17 ff.

Arbeitszeit. Für einen guten Trödeltag kann man locker mal 15 bis 20 Stunden ansetzen: Morgens um 4.00 oder 5.00 Uhr geht's raus, bis 16.00 oder 17.00 Uhr wird getrödelt, dann wird der Rest eingepackt, nach Hause gefahren und wieder ausgeladen. Die Zeit zum Säubern und Instandsetzen der Gegenstände sollte man ebenfalls in etwa mit einkalkulieren.

Ob und **wie hoch man den eigenen Stundenlohn** für die aufzuwendende Zeit **ansetzt, bleibt jedem selbst überlassen**. Es ist letztlich eine Frage der Güterabwägung, ob man seine Freizeit dafür hergibt, weil es Spaß macht, oder ob man sie sich selbst »in Rechnung stellt«. Oder ob man es lieber doch lässt, weil man glaubt, mit einem anderen Freizeitjob sehr viel mehr Geld verdienen zu können. Dann sollte man einfach einen großen Container bestellen.

Gegenrechnen!

Der zu erwartende Verkaufserlös sollte nicht nur die **Kosten decken**, sondern auch einen entsprechenden **Gewinn versprechen**. Wenn überhaupt kein oder nur ein sehr geringer Gewinn absehbar ist, sollte eigentlich eine erste **Gewinnwarnung** vor Ihrem geistigen Auge aufflackern. Doch letztlich entscheiden allein Sie darüber, ob der übrig bleibende Bilanzertrag Ihnen genügt oder nicht.

Ware und Markt – die besten Tipps vom Trödel-King

Nur saisonale Ware ist sinnvoll! Sicher, viele, wenn nicht die meisten Dinge sind das ganze Jahr über verkaufbar. Aber Skier im Sommer, Schwimmflügel im Winter, Ostereier zu Weihnachten und Weihnachtsschmuck zu Ostern verkaufen zu wollen wäre ziemlich unsinnig.

Angebot und Markt müssen passen! Für Spezialprodukte in nennenswerter Größenordnung (Sammlungen von Puppen, Schallplatten, Kunsthandwerk, Uhren etc.) sollte man in Erwägung ziehen, **Spezialmärkte** aufzusuchen (wie man die findet, —> S. 33 f.). Die Standpreise sind hier zwar höher als auf dem einfachen Trödelmarkt, dafür sind die Verkaufsergebnisse in der Regel aber auch besser, weil sich hier das Fachpublikum einfindet, das bereit ist, für die Objekte seiner Begierde richtig Geld auszugeben.

Wenn man lediglich Trödel im unteren Euro-Bereich anbieten kann, sollte man besser einen einfachen **Stöbermarkt** mit 1- bis 10-Euro-Produkten wählen, auf dem keine Neuware angeboten wird.

Hochwertiger Trödel läuft zurzeit nicht so gut. Das kann sich ändern. Trödelwaren für 1 bis 20 Euro haben momentan eher Konjunktur. Hat man höherwertigen Trödel (ab 20, 30 Euro aufwärts) im Sortiment und droht auf ihm sitzen zu bleiben, sollte man gegen Ende des Marktes die Preise besser senken, wenn man nicht alles wieder mit nach Hause transportieren möchte.

Nach einem guten Standort fragen! Man sollte beim Veranstalter bei der Reservierung des Standes in jedem Fall nach einem guten Standort für das Sortiment, das man anzubieten hat, fragen. Auf manchen gemischten Märkten werden die Stände und ihr Angebot nämlich nach Schwerpunkten aufgeteilt, und es hat keinen Sinn, sich mit einem gemischten Krimskrams-Sortiment in der Ecke für antike Möbel niederzulassen. Die Veranstalter werden Ihnen in der Regel dazu wichtige Tipps geben.

Auf Märkten, bei denen man sich nicht anmelden muss oder kann, sollte man erstens morgens sehr früh da sein (gegen 5.00 Uhr) und dann zweitens beobachten, wo die Trödelprofis sich niederlassen. Die kennen den Markt und wissen, welche Standorte gut sind. Folgen Sie denen und scheuen Sie sich nicht, Ihren Stand skrupellos dazwischen aufzubauen.

Tragen Sie kein Holz in den Wald! Setzen Sie sich nicht unnötig einer Konkurrenz aus, die Sie nicht schlagen können. Also: Alte Möbel, die noch einen gewissen Wert darstellen, aber keine wirklichen antiken Stücke sind, zum Beispiel an der belgischen Grenze bei Tongeren verkaufen zu wollen, einer Hochburg des antiken Möbelhandels mit dem (angeblich) größten Antik- und Trödelmarkt der Beneluxstaaten, wäre relativ sinnlos. In diesem Fall sollte man sich einen Markt suchen, auf dem gut erhaltene Möbel eher eine Rarität darstellen.

Trödelmarkttermin auf Konkurrenz checken! Es gibt Trödelkiller, gegen die Sie keine Chance haben, egal, wie gut Ihr Angebot ist: Wenn tags zuvor in der City eine **lange Verkaufsnacht** (bis 24.00 Uhr) war oder seit drei Tagen ein gigantisches **Volksfest** tobt (zum Beispiel das Oktoberfest in München, der Dom in Hamburg oder »Pützchens Markt« bei Bonn), was den Leuten das Geld aus der Tasche zieht und sie bis spät in die Nacht auf Trab hält, geht am nächsten Tag kein Mensch auf den Trödelmarkt. Jedenfalls nicht genug Menschen, die für ausreichenden Umsatz sorgen. Vergnügen Sie sich an solchen Tagen besser woanders, als sich am Stand die Beine in den Bauch zu stehen.

Saison und Wetter – die besten Tipps vom Trödel-King

Was ist die beste Verkaufssaison? Schwer zu sagen! Weil es eigentlich mehr aufs Wetter (s. unten) der jeweiligen Saison ankommt. Generell kann man aber wohl sagen, dass das **Frühjahr die beste Trödelsaison** darstellt. Die Leute sind den Winter satt, gieren nach Licht, Sonne und Wärme. Es ist nicht zu kalt und nicht zu warm. Das treibt die Menschen aus dem Haus ins Freie und hebt die Kauflaune.

Ähnlich positiv verhält sich das Kaufverhalten manchmal im **Herbst.** Jetzt sind vor allem Deko-Artikel gefragt, mit denen man im Winter die Wohnung verschönern kann.

Im **Sommer** sind die Schulferien eine Umsatzbremse, besonders für etwas höherwertige Ware. Negativ wirkt sich auch Hitze auf die Konsumlaune aus. **Hitze tötet die Kauflust** (s. Seite 69).

Im **Winter** sind die Umsätze der **Hallenflohmärkte** nicht zu unterschätzen. Weil Hallenflohmärkte nicht so zahlreich veranstaltet werden, sind sie in der Regel gut besucht. Und wer in der Zeit vor Weihnachten geschenkfähige Ware anbieten kann, ist beim Umsatz ganz vorn dabei.

Im Winter bei Minusgraden draußen zu trödeln geht zwar auch, stellt aber verständlicherweise kein wirkliches Vergnügen dar. Gegen die **Kälte** von unten hilft dicke **Pappe als Bodenbelag**. Gegen die innere Kälte helfen nur **heiße Getränke** – gegebenenfalls mit einem hochprozentigen Zusatz.

Tipp: Egal, in welcher Jahreszeit man trödelt, der **Monatsanfang** ist häufig die bessere Wahl, weil da der Monatslohn im Portemonnaie noch auf Anlagemöglichkeiten wartet. Am Monatsende hingegen ist nicht nur bei manchem Trödler Ebbe im Geldbeutel, sondern auch bei den Kunden.

Das beste Wetter? Am besten ist und bleibt das **Gute-Laune-Wetter mit ein wenig Sonne, nicht zu kalt, nicht zu warm** und möglichst kein Regen (ein Wetter, wie es häufig im Frühjahr vorherrscht). Bevor man einen Stand reserviert, lohnt sich also immer auch ein Blick auf die Wetterkarte.

Zu gutes, womöglich heißes Wetter ist schlecht für den Verkauf. Da treibt es die Menschen eher in die Freibäder oder in den Biergarten. Über Flohmärkte schlendern bei einem solchen Wetter in der Regel mehr »Sehleute« als »Kaufleute« (s. Seite 71). Die ständige Schwitzerei ist unangenehm, die Stimmung träge bis komatös.

Unbeständiges Wetter, das auch mal Schauer mit sich bringt, ist zwar nicht gerade der Gute-Laune-Knaller. Aber eine solche Wetterlage **ist besser, als man denken könnte**. Denn bei unbeständigem Wetter kommen in erster Linie Trödelkunden, die wirklich kaufwillig sind, sonst wären sie vermutlich zu Hause auf der Couch hängen geblieben. Außerdem gibt es bei unbeständigem Wetter auch weniger Anbieter und Stände, das Angebot reduziert sich. Und das erhöht wiederum den Umsatz der Stände, deren Betreiber sich tapfer dem Wetter stellen.

Richtig schlechtes Wetter mit Dauerregen und Temperaturen im deutlichen Anti-Wohlfühl-Bereich drückt den Verkauf. Da beißt die Maus mal keinen Faden ab.

Der Trödel-Tagesablauf – die besten Tipps vom Trödel-King

Früh aufstehen! Es heißt nicht umsonst: »Der frühe Vogel fängt den Wurm!« Wer glaubt, er könne an einem Trödeltag erst einmal lange ausschlafen, dann gemütlich frühstücken und irgendwann um 10.00 oder 11.00 Uhr seinen Stand aufbauen, hat das Rennen schon verloren, bevor er überhaupt gestartet ist. **Trödeln heißt früh aufstehen**, um frühzeitig mit dem Standaufbau und der Präsentation der Ware fertig zu sein (die Standaufbauzeiten gibt der Veranstalter vor, —> Seite 45). Wer noch in den unausgepackten Kisten wühlt, wenn die ersten Interessenten kommen (mit denen man nicht selten die besten Geschäfte machen kann), der verbummelt mit die beste Verkaufszeit (s. unten »Verkaufswellen«).

Verkaufswellen bestimmen den Tagesablauf! Die **erste Verkaufswelle** setzt bereits **im Morgengrauen** ein! Beim Standaufbau sind auch schon die sogenannten **Jäger und Sammler** unterwegs (—> Seite 71). In dieser Zeit kann man bereits gute Geschäfte machen!

> **Zwischen 9.00 und 11.00 Uhr** ist es in der Regel **eher ruhig**.
> **Ab 11.00 Uhr bis kurz nach Mittag** ist die **Kernverkaufszeit**.
> **Ab 14.00 Uhr plätschert die Hauptverkaufswelle langsam aus**. Jetzt flanieren mehr »Sehleute« (—> Seite 71) über den Markt, die nur schauen, aber nicht unbedingt kaufen wollen.

Nicht zu früh abbauen! Aber auch nicht zu spät … Zu erkennen, ab wann es Zeit ist, die Zelte abzubrechen, ist **eine Frage des Gefühls und der Beobachtung**. Zu früh seine sieben Sachen zu packen kann fatal sein, weil ganz zum Schluss noch Käufer aufkreuzen können, die auf ein Schnäppchen hoffen, weil sie wissen, dass gegen Ende des Marktes die Preise fallen. Jetzt heißt es für den Verkäufer, genau zu überlegen: Gebe ich dem Preisdruck nach oder kann ich es mir leisten, darauf zu verzichten und den Rest der Ware wieder mit nach Hause zu nehmen?

Irgendwann am Nachmittag sinken dann die Käuferfrequenz und Kaufbereitschaft gen null. **Doch aufgepasst:** Bestimmte Ware wie zum Beispiel Schallplatten aus einer bestimmten Zeit oder auch hippe Designerteile sprechen eine Zielgruppe an, die erst spät aus den Betten kommt, weil man sich erst noch den Kater der alkoholdurchzechten Nacht aus dem Anzug schlagen muss. Für diese Kunden lohnt es sich schon mal, länger zu warten.

Doch wenn man für diese Käuferschicht nichts im Angebot hat oder diese Kundschaft am frühen Nachmittag durch ist, **dann heißt es Kasse machen und abbauen**. Und nix wie weg. Oder erst mal eine Flasche Bier trinken und warten, bis die größte Abfahr- und Abbauwelle vorbei ist. Es hat ja keinen Sinn, im Stau zu stehen. Auf der A1 genauso wenig wie hier. In der Ruhe liegt bisweilen auch auf dem Trödelmarkt die Kraft!

Von Jägern, Sammlern, Seh- und Kaufleuten

Frühmorgens, wenn die ersten Stände aufgebaut werden, streichen bereits die ersten Neugierigen über das Trödelmarktgelände. Es handelt sich dabei um eine besondere Spezies: die sogenannten »Jäger«.

»Profi-Jäger« …

… sind Trödelprofis, die schon beim Standaufbau und Auspacken der Ware (im Winter mit Taschenlampe bewaffnet) auf der **gezielten Suche nach billigen Schnäppchen** sind, die sie anschließend dann teurer weiterverkaufen können. Bevorzugte »Opfer« sind die Trödel-Amateure, die man beim Preis für ihre »Kostbarkeiten« (zum Beispiel Markenware, seltene und begehrte Sammlerstücke oder moderne Unterhaltungselektronik) auch gern mal übers Ohr haut. **Lassen Sie sich also nicht aus der Ruhe bringen und bleiben Sie bei den Preisverhandlungen standhaft!**
Bisweilen machen diese Jäger auch **Komplettangebote für die gesamte Ladung.** Dann heißt es: Nicht nervös werden! In der Regel sind die Angebote viel zu niedrig! An einem guten Trödeltag kann man nicht selten das Doppelte bis Dreifache dessen rausholen, was ein Jäger im Morgengrauen bietet. Wenn also jemand kommt und 150 Euro für Ihre gesamte Ware bietet, lassen Sie ihn ziehen! Mit ein bisschen Glück können Sie mit Ihrem Sortiment über den Tag verteilt 300–400 Euro verdienen.

Renitente »Jäger« können auch schon mal sehr lästig werden und beginnen unaufgefordert Ihre noch nicht ausgepackten Kisten zu durchwühlen. **Gegenmittel: eine deutliche Ansprache!** Da kann und darf der Ton auch schon mal etwas rauer werden. Alternativvorschlag für sanftere Gemüter: Bitten Sie den potenziellen Kunden einfach, beim Auspacken zu helfen. So können Sie vielleicht noch mehr über das Objekt der Begierde erfahren.
Präventiv können Sie sich gegen diese »Fremdwühlerei« ein wenig schützen, indem Sie die **Kisten nacheinander aus dem Auto auspacken** und einen Ihrer Mit-Trödler abstellen, um die bereits **ausgepackte Ware** zu **sichern**.

»Private Jäger« …
… halten gezielt Ausschau nach einem bestimmten Gegenstand, den sie sich nicht durch die Lappen gehen lassen möchten. »Private Jäger« sind im Gegensatz zu einigen renitenten Profi-Jägern angenehme Zeitgenossen. Sie sind ebenfalls schon sehr früh morgens unterwegs. Denn wer für kleines Geld beispielsweise einen Staubsauger oder eine Kaffeemaschine sucht, muss schon früh aufstehen. Nachmittags ist solche Ware meist nicht mehr im Angebot.

»Sammler« …
… sind die Spezialisten unter den Trödelmarktkunden, die ebenfalls schon früh die Märkte bewandern, um sich eventuell angebotene Raritäten für ihre Sammlung zu sichern. Mit Sammlern zu feilschen ist einerseits nicht einfach, weil sie über die Preise ihrer Leidenschaft ziemlich genau Bescheid wissen. Andererseits sieht man am Blitzen in ihren Augen, wenn sie auf eine angebotene

Ware besonders scharf sind. Das macht es dann wiederum einfacher, einen guten, fairen Preis zu erzielen.

»Kaufleute« …
… sind die normale Trödelkundschaft, die über die Märkte flaniert und sich gern vom Angebot inspirieren und eher spontan zum Kauf anregen lässt. Die Kaufleute halten nicht Ausschau nach etwas Speziellem, freuen sich aber, wenn sie etwas entdecken, wonach sie gar nicht gesucht haben.

»Sehleute« …
… sind keine Kaufleute! Sie kommen, wenn die »Jäger und Sammler« bereits abgezogen sind, und mischen sich unter die normale Trödelkundschaft. Öde wird es hinter dem Verkaufsstand, wenn das Publikum mehrheitlich aus Sehleuten besteht, die gar nichts erwerben, sondern eher die Flohmarktatmosphäre genießen wollen. Flanierende Menschen zu beobachten kann zwar recht unterhaltsam sein, bringt aber nichts in die Kasse!

Verhaltensstrategien am Stand – die besten Tipps vom Trödel-King

Beim Erstkontakt Ware knapp und präzise anpreisen! Interesse weckt man zunächst mit knappen und präzisen Infos zu den Highlights seines Standes. Zum Beispiel: »Schau'n Sie mal hier: Das ist ein Berliner Bierkrug vom Ende des 19. Jahrhunderts!« Preisen Sie Ihre Ware also dem vorbeiflanierenden Publikum nicht zu ausholend an, **sonst zieht der Kunde weiter – zum nächsten Stand**. Und das wäre der Supergau!

Weiter gehende Informationen oder Anekdoten zu Ihrem Angebot können Sie erzählen, wenn ein Kunde Interesse zeigt. Dann gilt es, Geschichte, Geschichtchen und Storys zu verkaufen! Wenn es eine erzählenswerte Story gibt!

Storys verkaufen! Recherchieren Sie im Vorfeld eines Trödelmarktes vor allem von der etwas höherwertigen und älteren Ware so weit es geht die Hintergrundinformationen. Dazu gehören natürlich technische Informationen, Auskünfte zur Herkunft, zur Qualität und zum Material. Dazu gehören aber auch die Storys, die man zu einem Gegenstand erzählen kann. Das kann eine **kleine amüsante private Geschichte** sein (»Dieser Armreif ist das letzte Geschenk meines Urgroßvaters an seine Frau zum Hochzeitstag. Und was soll man sagen: Drei Tage später brannte Urgroßvater mit der Sekretärin durch!«), das können aber auch **kleine historische Anekdoten** und **Hintergrundinformationen** sein. Etwas über einen Gegenstand erzählen zu können kann Gold wert sein! Denn manchmal ist es erst die Story, die einen Gegenstand wertvoll macht.

Die Zarenglocke

Während der Aufzeichnung zu einer meiner Sendungen verkaufte die mir »schutzbefohlene« Gerlinde so ziemlich alles, was sie anzubieten hatte – aber leider alles deutlich unter Wert. So auch das ca. 15 Zentimeter große Modell einer Glocke, von dem sie lediglich wusste, dass es sich um das Modell einer russischen Glocke handelte. Der etwas lustlos anmutende Kunde kaufte das Modell für ziemlich kleines Geld.
Gerlinde hätte sicherlich sehr viel mehr erzielen können, wenn sie erstens auf einen Kunden mit etwas mehr Interesse an Geschich-

te gewartet hätte, dem sie zweitens hätte erzählen können, dass es sich um das Modell einer Zarenglocke handelte, und zwar um die größte Glocke der Welt aus dem Jahr 1735, die noch heute in Moskau steht, 210 Tonnen wiegt, aber niemals geläutet wurde und ein herausgebrochenes Stück aufweist, durch das zwei Menschen gehen können. All das hatte ich während der Aufzeichnung kurzfristig im Internet recherchiert.
Mit dieser mühelos recherchierten Story hätte man sicher noch einige Euros mehr für das Modell erzielen können. **Storys sind manchmal im wahrsten Sinne des Wortes wertvoll.**

Ihr Lächeln ist das Wertvollste, was Sie zu verschenken haben! Über alles andere wird auf einem Trödelmarkt verhandelt! Aber wie viel einfacher und profitabler gestalten sich Verhandlungen, wenn man an seinem Stand für gute Laune sorgt, wenn man freundlich, höflich und charmant ist. Bei schlechtem Wetter ist gute Laune am Stand umso wichtiger. Wer seine Kunden anlächelt, hebt die Kauflaune. **Merke: Gute Laune ist die beste Trödelstrategie!**

Der Kunde ist Ihr Freund! Haben Sie keine Scheu vor den Kunden. Gehen Sie offen und freundlich auf die Menschen an Ihrem Stand zu. Zugegeben: Die Gabe, offen auf Menschen zuzugehen, ist nicht jedem gegeben. Und **vor allem Anfänger sind oft zu schüchtern**, da fehlt die Ausstrahlung. Deshalb sollten Anfänger nicht allein einen Stand besetzen. Trödeln Sie besser mit der ganzen Familie oder noch besser mit Freunden. Und **diejenigen, die besonders offenherzig sind, sollten »an der Front« stehen**. Die anderen können auch im Hintergrund Gutes tun, zum Beispiel Ware einpacken, Ware neu sortieren oder für die Versorgung mit Getränken und Nervennahrung sorgen.

Service ist auch auf dem Trödelmarkt Trumpf! Vergessen Sie nie, für zerbrechliche Kleinteile entsprechendes Verpackungsmaterial mitzunehmen (—> Seite 56). Der Service, Gläser, Vasen und Co. eingewickelt und in eine Tüte verpackt dem Kunden in die Hand drücken zu können, ist eine Frage der Höflichkeit und sollte eine Selbstverständlichkeit sein.

Auch das Angebot, sperrige Teile wie Möbel etc. bei Kauf nach Hause anzuliefern, zählt dazu. Man hat die betreffenden Gegenstände ja auf den Markt transportiert, also kann man sie auch dem Kunden bringen. (Jedenfalls dann, wenn ein ordentlicher Preis erzielt wurde. Diesen Service für ein paar Euro Umsatz anzubieten wäre übertrieben. Für weitere Anfahrten, zum Beispiel über 25 oder 50 Kilometer hinaus, kann man versuchen, eine kleine Pauschale von zum Beispiel 10 bis 20 Euro auszuhandeln (—> auch S. 86).

Kleine Geschenke machen gute Laune! Stellen Sie Bonbonschalen auf, bieten Sie selbst gebackenen **Kuchen** an, **Kaffee, Tee** – und zwar umsonst, das sorgt bei allen Umstehenden für Aufmerksamkeit und **hebt das Konsumklima** (wenn Sie diese »guten Gaben« verkaufen würden, müssten Sie zudem eine Lizenz beantragen). Wer als Händler öfter auf einen Trödelmarkt geht, wird zudem bald sehen: Diese kleinen Geschenke erhalten die Freundschaft, die Kunden werden sich an Sie erinnern!

Nie im Sitzen verkaufen! Das mag bequemer sein, als acht oder zehn Stunden zu stehen, sieht aber restlos daneben und gelangweilt aus. **Wer sitzt, verliert!**

Keine Hektik! Egal, was Sie tun, vermeiden Sie den Eindruck von Hektik. Trödeln hat etwas Geruhsames, für die meisten Kunden ist es ein reiner Zeitvertreib. Alle Bewegungen am Stand sollten also eher einen selbstbewussten, bedächtigen, ruhigen und in keinem Fall einen nervösen Eindruck vermitteln.

Nicht rumlümmeln! Wer gelangweilt mit den Händen in den Taschen hinter dem Verkaufsstand rumlümmelt, signalisiert, dass er es nicht nötig hat, dass er eigentlich auch gar kein Interesse daran hat, etwas zu verkaufen.

Kleider machen Leute! Schlagen Sie nicht mit sündhaft teuren Designerklamotten, denen man ansieht, wie teuer sie waren, am Verkaufsstand auf. Erstens muss man auf dem Flohmarkt zupacken und Kisten schleppen können. Da bieten sich weder Manschettenknöpfe noch Seidenblüschen an. Und zweitens: Wer sich zu gut kleidet, signalisiert eine besondere Geschäftstüchtigkeit, die den Verdacht heraufbeschwört, dass man sich die Klamotten nur leisten kann, weil man beim Handeln andere übers Ohr haut. Das schreckt ab!

Andererseits sollte man aber auch keine unnötige Bedürftigkeit vorspielen, also weder ungepflegt noch heruntergekommen auftreten. Das schreckt auch ab, von so jemandem will man nicht unbedingt – wie überall anders auch – bedient werden. Am besten eignet sich legere Freizeitbekleidung.

Gehen Sie bargeldlos auf den Trödelmarkt! Ein ungewöhnlicher Tipp, ich weiß. Aber ich mach das seit nunmehr 20 Jahren so! Und das nicht ohne Grund. Als Händler zum Handelsbeginn kein Wechselgeld in der Tasche zu haben zwingt vor allem in der Aufwärmphase dazu, runde Beträge oder gar Scheine auszuhandeln – oder sich auch darauf runterhandeln zu lassen! So kommt man sehr schnell in Verhandlungslaune und zudem Wechselgeld in die Kasse, mit dem Sie dann weiteragieren können.

Die kleinste Währungseinheit ist (mit Ausnahmen) 1 Euro. Bewahren Sie das Geld gegen Diebstahl am besten in einer Tasche am Gürtel vor dem Bauch auf.

Geschäftigkeit signalisieren! Wenn Flaute herrscht, sollten Sie hin und wieder die Dinge ein wenig hin und her rücken. Das signalisiert Geschäftigkeit und animiert die Vorbeigehenden, selbst das eine oder andere Teil in die Hand zu nehmen. Nichts ist schlimmer, als hinter dem Verkaufsstand einen gelangweilten Eindruck zu machen.

Sortiment hin und wieder neu anordnen! Zwischendurch sollte man das Warenangebot auf dem Verkaufsstand neu zusammenstellen und umordnen. Denn es gibt viele Kunden, die mehrere Runden auf einem Markt drehen. Deren Interesse sollte man bei jeder Runde neu wecken.

Leere Flächen auf dem Tisch sofort nachfüllen! »Gerupfte« Verkaufsflächen sind kein Hingucker. Wo nix steht, gibt es auch keinen Grund stehen zu bleiben. Auf einem Trödelmarkt will der Kunde in einem vollen Sortiment etwas suchen und finden. Es heißt nicht umsonst auch »Stöbermarkt«. Dazu muss man aber auch etwas zum Stöbern anbieten!

In Flauten Preise bei der Konkurrenz checken! In den trüben Stunden mangelhafter Kauflaune lohnt es sich, immer wieder auch mal die Vergleichspreise der Konkurrenz zu studieren, um die eigenen Preisvorstellungen gegebenenfalls zu korrigieren – nach unten wie nach oben.

Ein Schwätzchen kann bares Geld wert sein!

An der Universität Utrecht in den Niederlanden hat man unlängst Verkaufsgespräche analysiert und dabei herausgefunden, dass ein Small Talk mit dem Verkäufer, vor allem wenn dabei Gemeinsamkeiten festgestellt werden, die Kaufbereitschaft der Kunden deutlich erhöht. Ein erfreulicher Befund: Denn das kleine Schwätzchen mit Interessenten kann ja sehr viel Spaß machen. Und wenn es dann auch noch den Rubel rollen lässt – dem Kunden kann geholfen werden!

Solidarität herstellen!

Also, bei der ersten Kontaktaufnahme und beim Verkaufsgespräch sollte man so etwas wie Solidarität oder Gemeinsamkeit mit dem Kunden herstellen: »Das ist ein Wetter heute, was? Da ist man doch den ganzen Tag gut gelaunt. Sie doch auch, 'ne?« Oder: »Ach, ist das ein netter Hund. Wir hatten auch mal einen, so einen kleinen schwarzen. Ist schon gestorben, vermissen wir sehr. Hunde sind doch was ganz Besonderes.« Auch beim Anpreisen der Ware: »Können Sie sich daran noch erinnern? Diesen tragbaren Plattenspieler für Singles? In Orange? Mit den Dingern sind wir doch in unserer Jugend alle rumgelaufen. Ist das nicht eine tolle Erinnerung?«

Das Verkaufsgespräch als Kreativworkshop!

Oder man versucht das Interesse eines potenziellen Kunden zu wecken, indem man zum Beispiel die Frage stellt, ob der Betreffende weiß, was ein bestimmtes Teil überhaupt ist oder wozu es einmal gut war (was zum Beispiel bei vielen alten kleinen technischen Helfern nicht mehr unbedingt erkennbar ist). Oder – noch viel wichtiger – man verwickelt den Kunden in ein kreatives Gespräch darüber, wie man ein Teil zweckentfremden und einer neuen Funktion zuführen kann: Landwirtschaftliche Geräte können zum Beispiel dekorativ im Garten aussehen, eine Milchkanne kann als Blumenvase, eine alte Lkw-Felge als Blumenkübel dienen usw.

Gesprächsführung nicht aus der Hand geben!

Oder man lockt den Kunden mit Fragen zu den offenkundigen Objekten seiner Begierde, zum Beispiel: »Kennen Sie sich mit alten Weingläsern wie diesen hier aus? Wollen Sie die für sich selbst zu Hause oder wird es ein Geschenk? Haben Sie selbst auch schon so hübsche Gläser wie diese hier?« Stellen Sie immer weiter Fragen, geben Sie die Gesprächsführung nicht aus der Hand. So kann man den Kunden bis zur Kaufentscheidung tragen. Wenn erst einmal das Interesse geweckt ist, kann man über den Preis reden (—> Seite 91 ff.).

Ein Trödelmarkt ist kein Kaufhaus!

Gehen Sie auf Käufer aktiv zu, fragen Sie, was sie suchen oder gebrauchen können. Denn ein Trödelmarkt ist kein Kaufhaus, in das die meisten Leute mit einem spezifischen Kaufinteresse gehen, zum Beispiel für einen Bohrhammer, für Lockenwickler oder einen Föhn. Auf den Trödelmarkt kommen nicht sehr viele Kunden, um gezielt nach einem Schmuckstück oder einem Staubsauger Ausschau zu halten. Das Interesse ist vielmehr noch vage, auf dem Trödelmarkt entwickelt sich der Kaufreiz erst beim Betrachten des Angebots. Und das ist unglaublich vielfältig und manchmal auch unübersichtlich. Wer seine Ware also nicht anpreist, mithin nicht daran arbeitet, beim Kunden einen Kaufreiz zu erzeugen, vergibt sich Verkaufschancen.

»Der-Markt-ist-aus-und-alles-muss-raus-Ideen!«

Wenn die Kauflust gegen Ende des Trödelmarktes deutlich nachlässt und man noch Ware (ausgenommen sind in diesem Fall wertvollere Teile) auf dem Tisch hat, die man in keinem Fall mit nach Hause nehmen möchte, hilft nur noch eins: runter mit dem Preis!

1. Die »1-Euro-Aktion«

Trödel im unteren Euro-Bereich sollte man auf der Zielgeraden komplett für je 1 Euro raushauen. Am besten verkündet man dies der vorbeiziehenden Menge mithilfe von gut lesbaren Schildern am Stand.

2. Die »Überraschungsbox«

Eine erfolgreiche Idee ist auch, drei bis vier Kleintrödelteile im unteren Euro-Bereich zum Ende hin in Dosen zu verpacken und als »Überraschungsbox« aktiv dem vorbeiziehenden Publikum für 2 oder höchstens 3 Euro anzubieten.

3. Benachbarte Händler fragen

Wenn gar nichts mehr geht, geht man zu den Nachbarn! Und die fragt man, ob einer bereit ist, für einen Festpreis (je nach Umfang und Qualität für zum Beispiel 25 oder 40 Euro) den gesamten Restbestand von Kleintrödel, am besten ordentlich in Kartons verpackt, zu kaufen.

Das Sortiment – die besten Tipps vom Trödel-King

Nicht rein, aber sauber! Das sollte das gesamte Sortiment nach Möglichkeit schon sein: sauber! Egal, was Sie anbieten, es sollte gereinigt, gewaschen und geputzt sein. (Vor allem Kleidung sollte sichtbar gepflegt sein.) **Vermeiden Sie »Ausrutscher«:** Küchengeräte, an denen noch der Kuchenteig von Oma klebt, ein Paar vergammelte Motorradstiefel, eine Weste mit Papas Eigelb von 1986 oder ein mit Grünspan verdreckter Sonnenschirm vermögen den Gesamteindruck des Sortiments zu zerstören. Hilfreich kann tatsächlich auch ein Schild sein: »Ware frisch gereinigt!« Ausnahmen stellen lediglich bestimmte antike Gegenstände dar, die kein Verkaufs-Make-up erhalten sollten, weil man gerade die Patina des Alters tatsächlich sehen soll!

Themeninseln bauen oder basteln! Ordnen Sie Ihr Sortiment übersichtlich nach Themen. Das erleichtert es der Kundschaft, sich am Stand zu orientieren. Stellen Sie also zum Beispiel alles, was mit Tischkultur zu tun hat (Gläser, Bestecke, Service etc.), zusammen. Und stellen Sie es am besten so zur Schau, dass man sich beispielsweise vorstellen kann, wie ein gedeckter Tisch mit diesen Utensilien aussehen würde. Es hat keinen Sinn, die Einzelteile über den Stand verteilt anzuordnen. Ähnlich verfahren Sie mit anderen Themengruppen: Spiele, Bücher, Klamotten, Schmuck. Und was dann noch übrig bleibt und thematisch keinen Gruppen zuzuordnen ist, kann man in einem gesonderten Trödelbereich kunterbunt auf dem Tisch zur Schau stellen.

Das Trödel-Indianerdorf

Eine der in meiner Sendung »Der Trödel-King« betreuten Familien hatte eine relativ große Sammlung an Indianerpuppen im Angebot. Auf dem Trödelmarkt habe ich dann auf dem Tisch mit dieser Sammlung eine kleine Abenteuerlandschaft mit Indianerzelt, einer kleinen Feuerstelle und Bäumchen aufgebaut. So konnte die Kundschaft nachvollziehen, wie ein fantasiebegabtes Kind mit all dem Indianerspielzeug würde spielen können. Solche Spiellandschaften sprechen zudem das Kind im Manne an, der vielleicht eine solche Sammlung für seine Kinder kaufen wird.

Legen Sie optische Köder aus! Zum Kundenfang besonders geeignet sind all jene Gegenstände, deren Funktion die Kundschaft beim Vorbeiflanieren auf den ersten Blick nicht genau erkennt. Auch besonders begehrte seltene Ware ist dazu gut geeignet. Solche Gegenstände sollte man möglichst auffällig (als sogenannte Eye-Catcher) platzieren. So weckt man Neugier, lockt das Publikum an den Stand, wo man es in ein Gespräch verwickeln und schließlich zum Kauf animieren kann.

Tische in Preisregionen unterteilen! Wenn Sie mehrheitlich kunterbunt zusammengewürfelte Trödelware anbieten, die man thematisch nicht ordnen kann, dann kann es hilfreich sein, den gesamten Warenbestand auf dem Tisch in Preisregionen zu unterteilen und diese Bereiche mit kleinen Schildern auszuzeichnen. So kann der Kunde auf einen Blick sehen, in welchem Bereich es sich für ihn überhaupt lohnt nachzuschauen. Und man verhindert, dass bestimmte Kunden versuchen, jedes, aber auch wirklich jedes Teil für den berühmten »1 Euro« zu erstehen.

Vorne klein, hinten groß! Kleinteile sollten vorn auf dem Standtisch liegen, größere Teile im hinteren Bereich des Tisches. Damit liegen die Kleinteile zwar in der Diebstahl-Gefahrenzone (weshalb man wertvolle Kleinteile auch besser im hinteren Teil oder sogar in Vitrinen präsentieren sollte, —> Seite 59 f.), doch würde man die größeren Teile im vorderen Bereich präsentieren, würden diese den Blick auf die Kleinteile im hinteren Bereich verstellen.

Teile nicht zu eng stellen! Man will als Händler natürlich zeigen, was man hat. Aber begehen Sie nicht den typischen Anfängerfehler: Präsentieren Sie Ihre Ware nicht zu eng, legen Sie nicht zu viele Dinge aus. Das Auge des potenziellen Kunden will zwar in einer Vielzahl von Trödel suchen und irgendwann auch etwas finden. Aber zu viel ist zu viel und führt ab einer bestimmten Menge nur dazu, dass sich das Auge verliert. Dann sieht der Kunde keinen Wald mehr vor lauter Bäumen. Und das wäre kontraproduktiv!

Ordnung ist das halbe Trödel-Leben! Ordnung und Übersicht an Ihrem Stand helfen nicht nur dem Publikum, sich in der Vielzahl der angebotenen Ware orientieren zu können. Eine klare Ordnung zeigt darüber hinaus, dass sich der Verkäufer der Qualität seiner angebotenen Ware bewusst ist und sein Angebot ernst nimmt und meint. Wer sein Sortiment hingegen chaotisch durcheinandergewürfelt auf den Tisch kippt, signalisiert den potenziellen Kunden, dass er offenkundig seine angebotene Ware nicht sonderlich schätzt. Die Kundschaft wird hier eher Grabbelware für ganz kleines Geld erwarten.

Kleinteile zu kleinem Preis verhökern! Kleinteile, die nichts Besonderes sind und für die man auch kaum noch etwas verlangen kann, sollte man marketingtechnisch geschickt in einem mit Schildern ausgezeichneten 1-Euro-Bereich anordnen. Das sind Trödelartikel für all jene Käufer, die eigentlich nichts Spezielles suchen, aber auch nicht mit leeren Händen nach Hause gehen wollen. Und was weg ist, ist weg! Das muss man dann am Ende des Tages auch nicht mehr wieder einpacken.

Kleinteilsammlungen komplett verkaufen! Sammel-LKWs oder Überraschungseiersammlungen etc. sind in der Regel kaum noch etwas wert. (Es sei denn, es befinden sich in solchen Sammlungen vielleicht doch begehrte Raritäten! Das jedoch wird der sachkundige Sammler selbst wissen. Wer nicht sachkundig ist, sollte solche Sammlungen zuvor auf wertvollere Raritäten hin abchecken, dazu —> Seite 19 ff.). Solche Sammlungen sollte man komplett verkaufen und nicht versuchen, einzeln in Form Hunderter von Kleinteilen loszuwerden. Das funktioniert nicht!

Das Gleiche gilt für **relativ wertlose Schmucksammlungen**: Bieten Sie solche Stücke komplett für einen Festpreis an. Der ein oder andere Profihändler wird sie Ihnen vielleicht abkaufen und Sie sind diese undankbare Trödelware auf einen Schwung los!

Drei Tipps für sperrige Teile!

Große Teile wie Möbel und andere Einrichtungsgegenstände stellen nicht selten in vielerlei Hinsicht ein Problem dar. So löst man sie:

1. Hat man keine Transportmöglichkeiten …
… weil ein entsprechend großer Lieferwagen nicht zur Verfügung steht oder im Verhältnis zu teuer wäre, fotografiert man die betreffenden Gegenstände und legt die Fotografien für Interessenten am Stand aus. So spart man die Kosten für Lieferwagen oder Hänger.

2. Will man sperrige Teile nicht mehr mit nach Hause nehmen …

… sollte man darauf achten, sie möglichst früh zu verkaufen (ggf. auch schon früh mit dem Preis runtergehen), sonst bleibt man noch im wahrsten Sinne des Wortes drauf sitzen!

3. Als Kaufanreiz Lieferung zusagen!

Man hat das Teil ja schließlich auch irgendwie auf den Markt bekommen, dann wird man es auch dem Kunden anliefern können. (Bei weiteren Anfahrten, zum Beispiel über 25 oder 50 Kilometer hinaus, kann man versuchen, eine kleine Pauschale von zum Beispiel 10 bis 20 Euro auszuhandeln.)

Bücher sind ein gutes Lockmittel! Bücher ziehen Leute an. Denn sie lieben es, in Bücherkisten zu stöbern – und bilden dabei Trauben! Das wiederum lockt andere Leute an, und so kann man ins Gespräch kommen und auch anderen Trödel verkaufen. Bücher sollten **in Kisten** angeboten werden, und zwar so, dass man die Vorderseite beim Durchklappen sehen kann. Hat man nur wenige Exemplare, kann man diese auch mit dem Cover nach oben auf dem Tisch auslegen. Nur eins sollte man mit Büchern nie machen: stapeln!

Über Bande spielen! Wenn man für höherwertige Gegenstände in seiner Stadt keine bessere Verkaufsplattform ermitteln kann (wie zum Beispiel Auktionshäuser für wertvollere Bilder, ein gut sortiertes Spielwarengeschäft für gut erhaltene Modelleisenbahnen oder ein Antiquitätengeschäft für kostbaren Tafelschmuck), kann man die Ware oder ein Foto der Ware mit auf den Trödelmarkt nehmen und darauf hoffen, dass der ein oder andere **Experte zum Stand kommt,** mit dem man dann ins

Gespräch kommt und über den man daraufhin eventuell Kontakte zu anderen Sammlern oder Verkaufsstellen herstellen kann. Doch in der Regel ist heutzutage erfahrungsgemäß das Internet die sehr viel effektivere Methode, um Preise und Verkaufsmöglichkeiten für wertvolle Gegenstände zu ermitteln (—> Seite 21).

Elektroartikel brauchen Strom! Wer viele Elektroartikel im Angebot hat, sollte die Investition nicht scheuen, sich einen Stand mit Stromanschluss zu leisten. Nichts ist für solche Artikel als Verkaufsargument überzeugender, wenn man vor Ort beweisen kann, dass sie funktionieren.

Klamotten – ein besonderes Geschäft!

Wer gebrauchte oder auch neue Textilien verkaufen möchte, betritt ein nicht ganz einfaches Trödelterrain, auf dem man nur einigermaßen sicher gehen kann, wenn man einige Tipps beherzigt.

Auf den Zustand kommt es an!
Textilien sollten grundsätzlich gewaschen, gebügelt und vollständig (mit allen Knöpfen!) angeboten werden. Das hebt den Preis gleich um das Doppelte. Klamotten, die allzu lange Zeit im Keller gelegen haben, beginnen irgendwann muffig zu riechen – auch wenn sie sauber und gebügelt sind. Wer sie nicht noch einmal waschen und bügeln will, kann nur auf eine frische Brise am Trödeltag hoffen, die den Muff verweht.

Textilien immer aufhängen!
Textilien am besten immer an Ständern feilbieten, an Wäscheleinen (zwischen Bäumen oder Ähnlichem) oder unter dem Zeltdach

hängend. So kommt der Schnitt am besten zur Geltung. Auf dem Tisch vermittelt Kleidung eher den Eindruck von Grabbelware für ganz kleines Geld. Aber: Klamotten nach Größen sortiert aufzuhängen lohnt sich nicht – die werden von der werten Kundschaft eh bald durcheinandergebracht.

Alles außer Mode …

… bleibt hängen. Klamotten haben in der Regel nur dann eine realistische Verkaufschance, wenn sie nicht allzu papagaienbunt sind, sondern einigermaßen modische Farben und Schnitte aufweisen. Auf allem anderen, was nicht ungefähr dem Zeitgeschmack entspricht, werden Sie sitzen bleiben – jede Wette.

Wenn viele Textilien verkauft werden sollen …

… ist es immer besser, wenn auch **eine Frau hinterm Stand** steht. Das ist kein Machospruch, sondern pure Erfahrung.

… sollten Sie immer auch **Sammelangebote** machen: »Für 20 Euro kannst du dir 5 Hosen aussuchen. Für 30 Euro 10 Hosen! Oder 5 Hosen und 5 Hemden!«

… sollten Sie immer einen ausreichend großen **Spiegel** mitnehmen, damit man eine Bluse oder ein Hemd direkt anprobieren und begutachten kann.

… sollte man in Ermangelung von Umkleidekabinen für die etwas zarter besaiteten Naturen wenigstens so etwas wie eine **spanische Wand** oder ein mit großen Tüchern oder Decken abgespanntes Areal zur Anprobe anbieten. Ansonsten sind Hosen, Kleider und Röcke nicht ganz leicht an Mann und Frau zu bringen. Der Aufwand lohnt aber nur, wenn man entsprechende Mengen und etwas höherwertige Kleidung anzubieten hat.

Tipp vom Trödel-King

Der Trödelsack

Nicht fehlen sollte bei der Ausrüstung für einen Trödeltag ein Rucksack oder eine Tasche mit folgenden nützlichen Dingen:

- dicker Filzstift zum Auszeichnen von Ware und Schreiben von Schildern
- DIN-A5-Block Papier und Kugelschreiber zum Notieren
- Panzerband (auch Gaffer Tape genannt), ein stabiles Klebeband für kleine Reparaturen, zum Beispiel wenn der Tapeziertisch zusammengebrochen ist
- Taschenlampe für den Standaufbau am frühen Morgen
- dünne Klarsicht-Abdeckfolie für den Fall, dass es regnet
- Lupe, wenn der Kunde ein Objekt genauer anschauen will
- Schere
- Sicherheitsnadeln können in allen möglichen Situationen hilfreich sein
- das kleine Messer, das die Schweizer erfunden haben. Ich selbst habe ein »Leatherman«.
- eine Flasche Wasser und einen Lappen zum Säubern der Ware
- Fotoapparat für Erinnerungsbilder von Sachen, von denen man sich wider Erwarten schmerzhaft trennt
- Visitenkarten, so man welche besitzt (Ich habe übrigens keine, denn mein Großvater sagte immer: Wenn jemand wirklich deine Adresse oder Telefonnummer haben will, kann er die auch auf einen Bierdeckel schreiben.)

Trödeln heißt

Handeln!

6

Wenn's um den Preis geht!

Tipps und Tricks fürs erfolgreiche Verhandeln!

Verhandeln will gelernt sein!

Verhandeln ist *die* zentrale Tätigkeit auf einem Trödelmarkt. Und eine notwendige Fähigkeit! Wer gut verhandeln kann, macht ein gutes Geschäft, als Verkäufer ebenso wie als Käufer. Die Fähigkeit zum Verhandeln, die **Lust am Feilschen** ist jedoch nicht jedem gegeben. Zumal sich in unseren Breitengraden die Kultur des Handelns weitestgehend verloren hat. Wir sind mittlerweile an ein festes Preisgefüge gewöhnt. In einem Kaufhaus sind die Waren mit Preisen ausgezeichnet – und das sind keine Basarpreise, über die Sie mit der Verkäuferin diskutieren könnten.

Wer trödelt, will verkaufen!

Auf einem Trödelmarkt ist das anders. Hier darf und soll gehandelt werden. Denn **um den Preis geht's** schließlich beiden – dem Händler und dem Kunden. Wer einen Stand auf einem solchen Markt betreibt, der will verkaufen. Manch einer *muss* auch verkaufen, ist auf das Geld angewiesen. Er wird infolgedessen versuchen, den besten Preis für seine Ware zu erzielen. Und auf der anderen Seite der Verkaufsstände darf man getrost ein ernst gemeintes Kaufinteresse voraussetzen – wenn der Preis »stimmt« bzw. durch Verhandeln »stimmig« gemacht wurde.

Würde diese Möglichkeit der freien Preisermittlung als treibende Kraft fehlen, dann würde die Idee der Trödelmärkte nicht mehr funktionieren, dann wäre jeder Trödelmarkt ein Freiluftmuseum, wo jeder mal zeigen kann, was er so im Keller liegen hat.

Flunkern erlaubt?!

Eins sollte allen klar sein, Händlern wie Kunden: Zum Verhandeln gehört immer auch, ein wenig zu flunkern. Nicht lügen oder gar betrügen, aber ein charmantes, verkaufsförderndes Flunkern ist auf dem Trödelmarkt durchaus erlaubt. Im Stillen wird es von den meisten Trödelmarktbesuchern sogar erwartet – oder zumindest wohlwollend toleriert. Also: **Trödelmärkte sind** zu einem guten Teil **auch Flunkermärkte**. Und das ist auch gut so. Denn ob der Setzkasten, den man da im Angebot hat, wirklich so einmalig ist, wie man behauptet, oder ob es Tausende davon gibt: Wenn der Kunde es glaubt und die 10 Euro dafür auf den Tisch legt, geht das in Ordnung. Denn für den Kunden ist der Setzkasten einmalig – und das zu einem einmaligen Preis.

Wie man solche einmaligen Preise als Händler erzielt, werden Sie schnell lernen, wenn Sie die folgenden Tipps und Erfahrungen berücksichtigen.

Zum Aufwärmen ein wenig Training

Das beste Verkaufstraining? Selbst kaufen! Im Alltag Preise zu verhandeln ist hierzulande nicht mehr üblich und den meisten Menschen folglich eher fremd. Wer das Gefeilsche um den Preis als angehender Händler trainieren will, sollte als Erstes einmal über einen Trödelmarkt schlendern und versuchen, etwas zu kaufen – und zwar weit unter dem ursprünglich vom Händler aufgerufenen Preis. Dazu gehört, den Preis sehr viel tiefer anzusetzen als verlangt, Gegenangebote zu machen und machen zu lassen, beim Kauf von mehreren Teilen Sonderangebote (Mengenrabatt!) zu erbitten, den Händler zappeln zu lassen, über den Tag zu warten, wiederzukommen, wenn die Preise fallen, usw. **So verliert man Hemmungen**, die einem beim Verkauf der eigenen Ware nur im Weg wären. Ein besseres Training gibt es kaum!

Das noch viel bessere Verkaufstraining? Selbst kaufen bei einem Basarhändler! Während man bei uns verlernt hat zu verhandeln, sind die Händler aus dem Vorderen Orient, aus dem arabischen und afrikanischen Raum aus ganz anderem Holz geschnitzt. Nirgendwo kann man das besser beobachten als auf einem Trödelmarkt. Diese Händler haben noch ausgeprägte »Basargene«. Handeln, Feilschen, Lamentieren liegt diesen Menschen einfach im Blut, was nicht weiter wundert, denn Verhandeln hat in ihren Kulturen noch eine Tradition, erfreut sich auch heute noch größter Wertschätzung und gehört zum »Kauf-und-Verkauf-Spiel« einfach dazu.

Das wirklich beste Verkaufstraining besteht darin, als Käufer mit solchen Händlern **um den Preis** zu **feilschen** und dabei zu studieren, wie der Verkäufer argumentiert und sich ziert. Man darf getrost davon ausgehen, dass diese Händler bei einer ersten Preisangabe gut das Doppelte von dem aufrufen, was sie sich von einem Handel an Erlös tatsächlich erhoffen.

Die Differenz runterzuhandeln, das ist für den Interessenten der große Sport. Dazu gehört, dass man als potenzieller Käufer erst einmal das Objekt **prüfend in Augenschein nimmt**. Dazu gehört, mit Fantasie alle **Mängel und Nachteile** des begehrten Gegenstandes aufzuzählen und wortreich vorzutragen. Dazu gehört, immer wieder die Verhandlung abzubrechen, wegzugehen – und wiederzukommen. Usw. usf. Ein besseres Training für das eigene Verhandlungsgeschick und den **Abbau von Hemmungen** gibt es kaum.

Während ein solcher Basarhändler gut das Doppelte als Verhandlungsmasse draufschlägt, wird man bei deutschen Händlern in der Regel selten mit mehr als 20 bis höchstens 30 Prozent Verhandlungsmasse rechnen können.

Die klassische Preisverhandlung – die besten Tipps vom Trödel-King

Nur runde Preise fordern! Zu den wichtigsten Trödelgesetzen der Preisverhandlung gehört, dass man keine Ziffern hinterm Komma aushandelt. Preise sind auf dem Trödel immer rund, denn **ein Trödelmarkt ist kein Kaufhaus**, wo man mit 3,99 Euro den Kunden lockt. Ein Teil kostet entweder 3 oder 4 Euro! Punkt! Kleinste Verrechnungseinheit ist auf dem Trödel nämlich 1 Euro (nur seltene Ausnahmen bestätigen die Regel).

Auf den Wunschpreis die Verhandlungsspanne draufschlagen! Versuchen Sie sich zunächst über eine Wertermittlung (—> Seite 19 ff.) so gut es geht über die handelsüblichen Preise Ihres Sortiments sachkundig zu machen. Das ist nicht für alles und schon gar nicht für den Klein-Trödelkram im unteren Euro-Bereich genau möglich. Bei den etwas höherwertigen Waren sollte es jedoch möglich sein, in etwa zu ermitteln, welchen Preis man erzielen kann. Werden Sie dann von einem Interessenten gefragt, was zum Beispiel die grüne Vase kostet, dann geben Sie ruhig **einen ca. 30 bis 40 Prozent höheren Preis** an, als Sie eigentlich glauben für diese Vase erzielen zu können. Wollen Sie für die Vase also 10 Euro haben, rufen Sie als Verhandlungsangebot erst mal 13 oder 15 Euro auf. Runterhandeln kann der Kunde Sie ja immer noch!

Bei Zustimmung? Freuen! Geht der Interessent gleich auf Ihr Angebot ein, dann dürfen Sie sich freuen. Dann haben Sie einen echten Schnapp gemacht!

Bei Widerstand? Verhandlungsspanne runterhandeln lassen! Reagiert der Interessent auf das genannte erste Preisangebot mit einem Grummeln oder gar Empörung, kann man ein erstes niedrigeres Angebot machen. Grummelt er immer noch, geht man Schritt für Schritt auf den Wunschpreis runter. Möglichst aber nicht darunter – jedenfalls nicht gleich beim ersten Interessenten.

Gegenangebot einfordern! Handeln ist keine Einbahnstraße: Zur Preisverhandlung gehört immer auch, den Interessenten zu einem Gegenangebot aufzufordern. Fordern Sie 14 Euro für die grüne Vase und der Kunde lehnt ab, fragen Sie aktiv nach seinem Gegenangebot!

Den Preis ausschaukeln! Folgt auf Ihr erstes Preisangebot ein sehr viel niedrigeres Gegenangebot des Kunden, kommen Sie ihm entgegen. Ist der Kunde immer noch nicht zufrieden, wird er ein erneutes Angebot machen. **Irgendwann trifft man sich in der Mitte.** Und das ist im günstigsten Fall ein Preis, der über dem liegt, den Sie mindestens erzielen wollten. So wird in der Regel der endgültige Preis ausgeschaukelt (wenn die Preisvorstellungen des Kunden nicht weit unter den Ihren liegen).

Der Spatz in der Hand ist besser als die Taube auf dem Dach! Beachten Sie bei allem Gefeilsche um den Preis aber immer: Nur ein realisierter Verkauf ist ein Verkauf, der auch Geld in die Kasse spült! Wenn also mehrere Interessenten Ihren Wunschpreisen einfach nicht folgen wollen, gehen Sie lieber mit dem Preis runter. Anfänger zahlen hier hinsichtlich ihrer Wunschpreisvorstellungen oft bitteres Lehrgeld.

Den kundigen Kunden kommen lassen! Kann man für Waren keinen wirklichen realistischen Trödelwert ermitteln, lässt man den Preis besser durch die Kundschaft bestimmen. Wenn sich also ein Interessent mit einer Frage nach dem Preis meldet, nennt man selbst erst mal keinen Preis, sondern fragt den Kunden, was ihm der betreffende Gegenstand denn wohl wert sei. Denn **nicht selten weiß die Kundschaft besser über die Preise Bescheid als man selbst** – vor allem wenn man als Verkäufer Anfänger ist.

Von diesem Angebot des Kunden aus kann man dann versuchen, den Preis nach oben hin auszuschaukeln (s. oben). Erscheint Ihnen das Angebot des ersten Kunden zu gering, wiederholen Sie das Spiel mit weiteren Interessenten. So werden Sie irgendwann ziemlich genau wissen, was die betreffende Ware wert ist. Nur: Irgendwann sollten Sie dann auch wirklich verkaufen. Denn wie gesagt: Nur verkaufte Ware lässt die Kasse klingeln!

Und auch hier gilt: Trödel-Anfänger werden auf diesem Wege häufig Enttäuschungen erleben. Denn die alte mechanische Schreibmaschine zum Beispiel, von der Sie vielleicht glauben, dass sie ein kostbares Altertümchen darstellt, ist vermutlich nicht mehr als 10 oder 20 Euro wert – weil es von diesen Dingern einfach unzählig viele gibt.

Den unkundigen Kunden kommen lassen! Nicht selten ist es auch aus einem anderen Grund ratsam, den Kunden ein erstes Preisgebot machen zu lassen. Es gibt nämlich immer wieder mal auch auf Käuferseite Amateure, die keine realistische Preisvorstellung haben, oder Liebhaber, die aus Angst, jemand anders könnte den Gegenstand ihres Interesses kaufen, einen höheren Preis bieten, als Sie für die betreffende Ware eigentlich ermittelt haben.

Vor allem ältere Kundschaft bietet manchmal für Liebhaberstücke mehr als den Marktwert, weil diese Generation sich zum Beispiel häufig nicht im Internet orientiert. Seien Sie sich dann nicht zu fein, schnell zuzuschlagen. Denn wir reden hier über Trödelpreise, also echte Peanuts. Freuen Sie sich stattdessen lieber über die paar Euros, die Sie mehr erzielen konnten als erhofft.

Kreative Preisverhandlung – die besten Tipps vom Trödel-King

Die »Ich-handel-mich-selbst-runter-Strategie«! So wie es auf Verkäuferseite vor allem bei Anfängern mundfaule Typen gibt, die das Feilschen um den Preis nicht sonderlich lieben, so gibt es auch auf Käuferseite solche Typen. Das eröffnet Ihnen als Verkäufer wiederum die Möglichkeit, mit einer sehr effektiven Strategie die Verhandlung zu eröffnen: mit der sogenannten Ich-handel-mich-selbst-runter-Strategie.

Nehmen wir an, Sie haben für einen gut erhaltenen, ca. 80 Jahre alten Kerzenständer einen realistischen Preis von ca. 20 Euro ermittelt, die sie natürlich auch erzielen möchten, dann gehen Sie in die Offensive und unterbreiten Sie dem betreffenden Interessenten folgenden Vorschlag:

»Also, ich sag jetzt mal: Ich muss für dieses außergewöhnliche Stück 40 Euro haben, mindestens! Jetzt sagst du: Der hat ja 'nen Knall, das ist viel zu teuer. Und dann sag ich: Okay, 20 Euro, die müssen es aber sein. Dafür musst du das Teil dann jetzt aber auch mitnehmen!«

Die meisten Kunden werden von dem von Ihnen selbst so schnell und so massiv runtergehandelten Angebot so beeindruckt sein, dass sie unvermittelt in das Geschäft einschlagen. So erzielt man manchmal auf ganz einfache Weise seinen Wunschpreis!

Die gleiche Strategie **bietet sich auch bei mehrteiligen Objekten an**. Rechnen Sie dem Interessenten die Werte der einzelnen Bestandteile vor. Den so sehr hoch gerechneten Gesamtpreis brechen Sie dann imposant auf knapp die Hälfte runter. Die so ermittelte Differenz imponiert, die meisten Kunden schlagen deshalb dann irgendwann zu.

Der Vogel-Schaukasten

In einer meiner »Trödel-King«-Folgen bestand die Herausforderung unter anderem darin, einen wunderschönen und sehr alten Schaukasten mit ca. 20 Präparaten von zum Teil exotischen Singvögeln zu verkaufen (mit Erlaubnis der Unteren Landschaftsbehörde, —> Seite 47). Interessenten gegenüber habe ich einfach nur mal vorgerechnet, dass man bei einem Preis für die einzelnen Präparate zwischen 20 und 40 Euro auf einen Gesamtpreis von mindestens **500 Euro** kommen würde. Das ist natürlich **für einen Trödelmarkt eine stolze Ansage,** solche Summen gehen nicht so oft über den Tresen. Und es war mir auch klar, dass es nicht einfach werden würde, dafür einen potenziellen Käufer zu finden.
Die Strategie bestand nun darin, diesen hohen Gesamtpreis auf ein Angebot von 250 Euro runterzurechnen, also auf die Hälfte. **Ein solcher proaktiv angebotener Preisnachlass beeindruckte natürlich** – auch wenn 250 Euro für einen Trödelmarkt immer noch eine stolze Summe ist. Nach einigem Hin und Her zwischen einem Interessenten und der Verkäuferin wechselte das Teil schließlich für 230 Euro den Besitzer. Das war kein schlechter Deal.

Der »Das-Teil-ist-defekt-Preisnachlass«! Ein Trödelmarkt ist kein Antiquitätenmarkt, auf dem nur erstklassig erhaltene antike Kostbarkeiten angeboten werden. Der größte Teil der angebotenen Ware ist weder antik noch hochpreisig. Nur hin und wieder werden auch auf Trödelmärkten wertvolle antike Stücke feilgeboten. Und nicht selten sind sie defekt, was den Wert erheblich schmälert.

Um nun dennoch einen akzeptablen Preis zu erzielen, sollte man Interessenten gegenüber zunächst einmal den ermittelten Preis nennen, den man zahlen müsste, wenn das betreffende Teil nicht einen Schönheitsfehler hätte. Anschließend geht man mit dem Verhandlungsangebot deftig nach unten. Das dürfen ruhig schon mal satte 80 Prozent sein. Doch dieser erste Preisnachlass sollte immer noch deutlich über dem liegen, was man schlussendlich für das defekte Teil haben will. So hat man noch eine gewisse Spanne, die man sich runterhandeln lassen kann.

Mit ein wenig Glück findet man tatsächlich einen Interessenten, der angesichts des imposanten Preisnachlasses bereit ist, noch einen relativ stolzen Preis für das defekte Teil zu zahlen.

Die Porzellanfigur

Es war eine hübsches kleines Dekorstück, eine Porzellanfigur aus dem 19. Jahrhundert, die eine Rokoko-Dame darstellte. Einziger Fehler: Der ursprünglich einmal in der einen Hand der Figur befindliche kleine Blumenstrauß war abgebrochen und fehlte. Was tun?

Ein Sachverständiger (—> Seite 23 ff.) hatte den Marktwert der intakten Figur auf ca. 400 bis 500 Euro geschätzt, das defekte Teil jedoch auf lediglich 80 Euro. Die Taktik meinerseits bestand nun darin, den Interessenten gegenüber als Erstes den Preis der intakten Figur zu nennen, um anschließend in der Verhandlung in großen 100-Euro-Schritten mit dem Preis runterzugehen. Doch das letzte Angebot meinerseits lag noch deutlich über den vom Sachverständigen geschätzten 80 Euro. Irgendwann kam schließlich ein Kunde, der den Preisnachlass offenkundig imposant genug fand, um die Porzellanfigur schließlich von der Besitzerin für 100 Euro zu erstehen. Das waren immerhin 20 Euro mehr als ursprünglich veranschlagt!

Das Streitspiel! Grundsätzlich gilt: Wenn man zu zweit verkauft, sollte derjenige, der die Preise aushandelt, von seinem Partner nicht in Gegenwart der Kunden für seine eventuell zu niedrigen Preise kritisiert werden. Schon gar nicht mit allzu heftigen Worten. Die Folge wird nämlich sein, dass die Stimmung am Stand sinkt und die Kauflaune sich verflüchtigt. Ein kontraproduktives Verhalten!

Doch wenn man sich im Ton zügelt und der »Streit« eher humorvoll und gut gelaunt ausgetragen wird, kann man mit einer solchen Inszenierung bei Interessenten einen Kaufimpuls auslösen! **Das Prinzip funktioniert wie folgt:**

Bei Nachfrage gibt der eine Verkäufer Auskunft über den Preis, den man tatsächlich erzielen möchte, sagen wir 30 Euro für eine Kette. Der, sagen wir, Ehepartner interveniert sofort mit der Bemerkung: »Aber Schätzchen, die Kette wollten wir doch in keinem Fall unter 70 Euro hergeben. Wir wollten von dem Erlös hier heute doch auf die Bahamas fliegen! Stattdessen ruinierst du uns!«, und zwinkert dem Interessenten zu, um zu signalisieren, dass man das natürlich nicht ernst meint. Und dann kommt der entscheidende Zusatz: »Na gut, jetzt hast du sie aber nun mal für 30 Euro angeboten. Da musst du jetzt auch zu stehen!«

Für die meisten Kunden gibt ein solches sympathisches Spielchen den letzten Anstoß, nun tatsächlich zu kaufen, weil man insgeheim dann doch an ein Schnäppchen glaubt.

Die Preisschild-Strategie! Das Auszeichnen kleiner und preiswerter Teile im unteren Euro-Bereich mit Preisschildchen ist kaum machbar und auch überflüssig, vor allem wenn eine Vielzahl solcher Teile angeboten wird.

Bei wertvolleren Gegenständen wie Porzellan oder Antiquitäten (40 bis 150 Euro oder noch teurer) kann es allerdings durchaus sinnvoll sein, sie auszuzeichnen. Die Preisschildchen klebt man unter die Gegenstände. Und mit diesem Preis (zur Preisermittlung —> Seite 19 ff.) geht man in die Verhandlung.

Der Vorteil: Unangenehme Preisdrücker, die alles auf ein paar Euro drücken wollen, hält man sich so vom Leib. Interessierte Kunden, die sachverständig sind, den Preis sehen und sich nicht direkt abwenden, sind vom ersten Angebot nicht geschockt. Mit diesen Interessenten kann man in ernsthafte Verkaufsverhandlungen treten. Die Schmerzgrenze sollte jedoch bei der Hälfte des ausgezeichneten Preises liegen.

Die »Konkurrenz-belebt-das-Geschäft-Strategie!« Sie haben einen Interessenten für Ihr bestes Stück am Stand. Ihr Preis von 180 Euro für eine funktionierende Dampfmaschine aus dem Beginn des 20. Jahrhunderts wird von dem Kunden jedoch mit Missmut kommentiert. Der Kunde zögert und ziert sich, bietet schließlich nur 120 Euro. Mit ein bisschen Glück kommen jetzt weitere Kunden an den Stand. Und das ist genau der Zeitpunkt, an dem es sich lohnt, es einmal mit der »Konkurrenz-belebt-das-Geschäft-Strategie« zu versuchen.

Entscheidend: Ziehen Sie die hinzugekommenen Kunden auf Ihre Seite und stellen Sie Ihnen suggestive Fragen wie: »Die ist doch wunderschön, oder? Die muss man doch mitnehmen, so eine Gelegenheit bietet sich nicht alle Tage, oder? Das ist doch ein wirklich schönes Stück! Und ich will nur 180 dafür haben. Aber er will nur 120 zahlen! Können Sie das verstehen?«

Und dann kommt die entscheidende Frage: »Das ist sie aber doch auch wert, oder? Das ist doch angemessen, oder?«

Mit ein bisschen Glück springen die hinzugekommenen Kunden darauf an. Die Folge: Der erste Interessent gerät unter Druck, denn Sie haben als Händler von Kundenseite einen fairen Preis bestätigt bekommen. Mit noch mehr Glück macht er nun ein sehr viel besseres Angebot.

Zugegeben: Für das erfolgreiche Gelingen dieser Strategie muss man schon den Zufall auf seiner Seite haben. Man kann die Umstände für das Gelingen dieser Strategie allerdings auch künstlich ins Leben rufen. Das aber ist nicht mein Ding!

Eine Frage des Geschmacks!

Die »Konkurrenz-belebt-das-Geschäft-Strategie« wird von einigen Trödelhändlern auch professionell eingesetzt, indem sie nach gleichem Strickmuster einen angeblichen Mitinteressenten auftauchen lassen, der aber zur Familie gehört oder ein Freund ist. Ich persönlich würde mich bei einem solchen Spielchen unwohl fühlen, weil es eine Grenze überschreitet, die an bewusste Täuschung des Kunden grenzt. Es ist jedem selbst überlassen, ob er so weit gehen will. Ich selbst lehne solche Trickserein ab. Ein Trödelhandel sollte immer in fairen Grenzen stattfinden.

Mit Rabatten locken, Teile gratis obendrauf packen! Über den Preis zu verhandeln ist eine Möglichkeit, die angebotene Ware an den Mann oder die Frau zu bringen. Man muss es aber nicht immer direkt über den Preis versuchen. Es geht auch indirekt über Gratisgaben bzw. Rabatte. Nehmen wir an, Sie bieten eine recht hochwertige Puppe an, für die Sie 50 Euro haben möchten. Dem Kunden ist das ein wenig zu teuer. Dann legen Sie ihm zur Puppe noch Puppenkleider obendrauf, einzeln, Stück für Stück. Und nach jedem draufgelegten Kleidungsstück fragen Sie, ob der Preis jetzt stimmt. Dieses Spiel treiben Sie so lange, bis der Kunde den Preis zu zahlen bereit ist. Man sollte es mit seinen Rabatten aber auch nicht übertreiben. Es gibt Grenzen!

Die Rabatt-Preis-Kombi! Um den Kunden zum Kauf zu animieren, kann man über den Preis verhandeln, man kann Rabatte gewähren und man kann beides kombinieren. Beispiel: Sie verlangen von einem Interessenten für zwei hübsche Gläser 20 Euro, der Kunde will aber nur 18 Euro zahlen, dann versuchen Sie es mit der Rabatt-Preis-Kombi: Legen Sie auf die zwei Gläser noch eine Vase oder ein drittes Glas für 15 Euro drauf und verlangen Sie für alles zusammen 30 Euro. So macht der Kunde ein Geschäft über den gewährten Preisnachlass und Sie haben statt nur zwei insgesamt drei Teile verkauft. Und darum geht's ja auf einem Trödelmarkt: Sie wollen verkaufen und nicht alles wieder mit nach Hause nehmen!

Die »Der-Preis-steigt-Strategie«! Es gibt eine spezielle Art von Kunden, die glaubt, auf einem Trödelmarkt alles auf ein manchmal wirklich **unanständiges Preisniveau** herunterhandeln zu können. Sie werden diese Spezies schnell erkennen. Wenn man für sich selbst beispielsweise als letzten, wirklich allerletzten Preis 10 Euro bereit ist zu akzeptieren und der Kunde bietet lediglich 3 Euro, dann sollte man ein Zeichen setzen und den Preis auf 15 Euro schlagartig als Gegenangebot erhöhen. Wenn der Kunde dann sagt, gerade habe der Preis doch nur 10 Euro betragen, dann kontert man gelassen: »Ja, dann nimm es doch für 10 Euro!«

Wer wirklich Interesse an einem Gegenstand hat, wird jetzt schnell **merken, dass die Verhandlungsbereitschaft auch Grenzen kennt**, und kann sich nun überlegen, ob er weiterzieht oder ein wirklich faires Angebot macht. Die Billigkrämer werden nach einer solchen Verhandlungsführung sofort weiterziehen. Und das ist auch gut so!

Der 5-Euro-Trick! Wenn der Verkauf ein wenig schleppend läuft und um ins Gespräch mit den Kunden zu kommen, muss man manchmal außergewöhnliche Aktionen ins Leben rufen. Sprechen Sie die vorbeiflanierenden Kunden aktiv an und unterbreiten Sie ihnen folgendes Angebot: Der Kunde oder die Kundin darf sich auf dem Tisch **nach freier Wahl ein Stück** aussuchen und zahlt für dieses Stück **nur 5 Euro** (ausnehmen sollte man natürlich besonders teure Schätzchen). Das weckt bei den Kunden den Schnäppcheninstinkt, etwas zu finden, was mehr wert ist als 5 Euro.

Über die **Neugier der Kunden** kann man aber dann ins Gespräch kommen und über das versprochene 5-Euro-Stück (das für den Kunden vielleicht wirklich ein Schnäppchen war) noch andere Stücke verkaufen – auch teurere Ware, denn das Angebot ist mit dem ausgewählten Schnäppchen ja erloschen.

Verhandlungsführung und Verkaufstricks – die besten Tipps vom Trödel-King

Mit der ausgestreckten Hand den Kaufwillen beflügeln! Der Handschlag ist der traditionelle Abschluss eines Handelsgeschäfts auf einem Markt. Auf einem (Trödel-)Markt gibt es keine Kaufverträge, keine Quittungen – und keine Juristen! Wie früher auf dem Pferdemarkt gilt das gesprochene und per Handschlag bestätigte Wort. Was per Handschlag besiegelt wird, gilt! Das ist quasi der Vertragsabschluss. Und das weiß jeder! Auch jeder Kunde auf einem Flohmarkt.

Und nun verrate ich Ihnen einen ganz alten Verkäufertrick: Wenn Sie in Verkaufsverhandlungen sind, wenn Sie mit dem Interessenten bereits um den Preis gefeilscht haben, wenn Sie ihm aus Ihrer Sicht ausreichend entgegengekommen sind und den Handel nun abschließen wollen und wenn der Kunde trotz allem immer noch zögert und sich ziert, dann **strecken Sie ihm die Hand entgegen mit der Aufforderung, einzuschlagen!**

Die entgegengestreckte offene Hand hat einen auffordernden Charakter, sie signalisiert: »Hey, komm, das ist jetzt ein wirklich fairer Preis, schlag ein und das Geschäft ist gemacht!« Mit dieser symbolischen Aufforderung überwinden Sie in der Regel die letzten Kaufhemmungen bei Ihrem Gegenüber. Und das auch bei einem höheren Preis als der, den der Kunde ursprünglich geplant hatte zu zahlen!

Die Hand ausstrecken! Das ist der entscheidende Impuls zum Kaufabschluss!

Die »Ich-pack-das-Stück-dann-schon-mal-ein-Strategie«! So ähnlich wie mit der ausgestreckten Hand verhält es sich mit der »Ich-pack-das-Stück-dann-schon-mal-ein-Strategie«: Wenn der Interessent trotz allen Entgegenkommens immer noch zögert zu kaufen, kann man den letzten Widerstand brechen, indem man einfach so tut, als sei das Geschäft schon gelaufen (weil man sich ja eigentlich einig ist), und fragt: »Darf ich Ihnen das gute Stück dann also einpacken?« oder »Ich verpack Ihnen das Teil schon mal, damit es nicht kaputtgeht!« Damit signalisiert man als Verkäufer, dass man die bisherigen Verhandlungen als erfolgreich abgeschlossen interpretiert. Und zwar zur beiderseitigen Zufriedenheit (auch wenn der potenzielle Kunde das vielleicht gar nicht so sieht). **Mit solchen Gesten verleihen Sie der Kaufentscheidung bisweilen Flügel!**

Mit Serviceleistung den Kaufwillen beflügeln! Insbesondere bei stockenden Verhandlungen über den Preis von größeren, sperrigen und schweren Teilen wie Möbelstücken, Stehlampen oder Ähnlichem kann man den letzten Widerwillen des Kunden brechen und den Kaufimpuls beflügeln, indem man anbietet, die betreffenden Teile zum Auto des Kunden zu tragen oder gar nach Hause zu liefern (—> Seite 86).

Umgekehrt: Vorsicht vor Käufertricks! Geübte Trödelmarktkonsumenten (vor allem Profisammler), die besonders interessiert an einem Gegenstand sind, zeigen ihre Kauflust leider nicht. Sie verhalten sich im Gegenteil oft gelangweilt und desinteressiert und tun so, als würde man dem Verkäufer eine Last abnehmen, wenn man die betreffende Ware kaufen würde. **Das ist natürlich Taktik**, die allein dem Ziel dient, den Preis zu drücken. Ob jemand sachkundig ist, kann man übrigens häufig schon daran erkennen, wie er einen betreffenden Gegenstand in der Hand hält und begutachtet.

Ein Sammler, der echtes Interesse an einem Gegenstand seiner Leidenschaft hat, wird sich zudem **vorzugsweise unwissend stellen** und niemals fragen: »Was möchten Sie denn für diese entzückende, ausgesprochen seltene Schildkröt-Puppe aus dem 19. Jahrhundert haben?« Damit würde er sich ja als sachkundiger und damit über den Marktpreis informierter Profi zeigen. Und als solcher weiß er natürlich, dass eine Frage, die eine massive Begierde signalisiert, eine entsprechend hohe Preisansage des Verkäufers zur Folge haben wird.

Er wird stattdessen darauf hoffen, dass der Verkäufer vom Wert seiner Ware keine Ahnung hat, und fragen: »Was woll'n Sie denn für die olle Puppe da?«

Lassen Sie sich von einem solchen Auftreten prinzipiell nicht beeindrucken. Wenn Sie den Wert Ihrer kleinen Schätzchen recherchiert haben (—> Seite 19 ff.), dürfen Sie selbstbewusst auftreten und darauf aufmerksam machen, dass Sie sehr wohl wissen, was Sie da anbieten und welchen Preis Sie dafür verlangen können.

Schau mir in die Augen, Kleiner! Ganz alte Hasen unter den routinierten Trödelmarkthändlern behaupten, dass man die wahre Begierde eines Käufers an den Pupillen erkennen kann: Wenn sie besonders geweitet sind, soll angeblich auch ein **großes Verlangen** vorliegen. Schauen Sie Ihrem Gegenüber also immer tief in die Augen, wenn's in die Preisverhandlungen geht. Sie können es aber natürlich auch lassen, weil Sie – wie ich – an solchen Zauber nicht glauben. Tief in die Augen schauen kann man sich nämlich auch bei anderer Gelegenheit, und da scheint mir die Pupillentechnik weitaus effektiver!

Trennungsängste vorspielen! Wenn man die Begierde eines Kunden erkannt hat, darf man zur Steigerung des Werts in den Verhandlungen durchaus darauf hinweisen, dass man dieses Stück eigentlich gar nicht so gern hergeben möchte. Weil, »das ist noch von Tante Klara, der lieben Patentante«, an der man so gehangen hat, und »so was findet man ja gar nicht mehr, so was wird ja gar nicht mehr hergestellt«. Und deshalb sei

Ihnen diese Brosche eigentlich sehr ans Herz gewachsen … **Mit jedem »Herz« und jeder »Liebe«**, die an einem Gegenstand hängt, **steigt der ideelle Wert** – und damit natürlich automatisch auch Ihr Preisangebot.

Die Sinne spielen lassen! Kaufen ist eine sinnliche Angelegenheit. Bei vielen Produkten bietet es sich also an, die Kunden aufzufordern, die Dinge ihrer Begierde doch mal **in die Hand** zu **nehmen** und anzufassen (die meisten machen das allerdings von allein und ohne Aufforderung).

»Das ist noch mit der Hand aufgemalt. Das fühlt man, wenn man mit den Fingern darüberstreicht. So eine Bauernvase von dieser Qualität gibt's ja heute kaum noch.« Oder: »Schau'n Sie mal, das ist Prägedruck. Fühlen Sie über diesen Buchdeckel mal mit der Hand drüber. Das ist sehr kostbar, Anfang 20. Jahrhundert, wer druckt denn heute noch solche Buchdeckel? Keiner! Ist unbezahlbar.«

Lassen Sie Ihre Interessenten **auch mal schnuppern**: »Riechen Sie mal: Da war Rosenwasser in dem Flakon. Toller Duft! Rosenwasser! Könnte man heute auch wieder reintun, so ein Rosenwasser. Soll ja sehr verführerisch sein.«

Oder lassen Sie die Kunden doch einfach **mal den Gegenstand anheben**, zum Beispiel den Kronleuchter: »Was dieser Kronleuchter alleine wiegt! Das ist noch Qualität. Das ist nicht irgend so ein Möbelmarkt-Kitsch! Das ist Wertarbeit, 19. Jahrhundert!«

Die sinnliche Wahrnehmung ist manchmal überzeugender als tausend Worte!

Mit Expertisen werben! Bei technischen Geräten wie Kameras oder Elektronikartikeln etc. sollte man im Verkaufsgespräch unbedingt darauf aufmerksam machen, dass sie von Experten auf Funktionstauglichkeit gecheckt und preislich geschätzt wurden. (Natürlich nur dann, wenn dies auch der Wahrheit entspricht. Alles andere wäre unfair!) Man kann auf dieses Verkaufsargument auch mittels aufgestellter Schilder hinweisen.

Alte Trödlerwahrheit: Wer ein Stück kauft, der kauft auch zwei! Es gibt so etwas wie einen Schnäppchenkaufrausch. Wenn der eingesetzt hat, muss man als Verkäufer nur schnell genug nachlegen: »Übrigens, hier, diese Sauciere, von Rosenthal, ist zwar ein Einzelstück, aber passt zu allem dazu, zeitlos schick. Und für den Preis bekommt man sonst kein Rosenthal. Das wäre die perfekte Ergänzung zu dem Besteck, das Sie gerade gekauft haben. Ich mach Ihnen auch einen Extrapreis!«

Ruhig auch mal Gas geben! Steigern Sie die Begehrlichkeit, indem Sie die Zeit vermeintlich knapp machen: »Sehr schönes Stück, dieser Spiegel. Sehr begehrt, der steht nicht lange hier. Wenn Sie den haben wollen, sollten Sie nicht lange zögern. Der geht sonst ganz schnell über den Tresen.« Profis und Routiniers werden sich davon nicht beeindrucken lassen. Aber **Gelegenheitströdler können Sie mit dieser Strategie noch echt nervös machen**. Nicht selten ergibt sich daraus auch eine lustige Unterhaltung.

Bei Paaren immer auf die Frau achten! Wenn Pärchen trödeln gehen, sind es nicht selten die Frauen, die kaufen (für sich oder beide) oder die Kaufentscheidung maßgeblich beeinflussen, indem sie zum Beispiel an der Kaufidee des Mannes so lange rummäkeln, bis dieser die Dampfmaschine dann doch stehen lässt: »Acht Dampfmaschinen sind für einen Achtzigjährigen doch genug, oder?« Wenn Sie die Dampfmaschine also verkaufen wollen, dann sollten Sie Ihre Überzeugungskünste auf die Frau richten, nicht auf den Ehemann! Der würde nur zu gern, wenn man ihn ließe.

Niemals Ware auf Anzahlung weggeben! »Ich zahl schon mal 20 Euro an. Für den Rest muss ich noch mal eben zum Automaten. Ich komm dann gleich wieder und zahl den Rest. Das Teil hier nehm ich schon mal mit.« Die Nummer zieht nicht! Lassen Sie sich auf solch schräge Angebote niemals ein. Der Kunde kann anzahlen und bis zu einem verabredeten Zeitpunkt kann man ihm versprechen, das Objekt seiner Begierde nicht weiter zum Verkauf anzubieten. Mehr aber auch nicht.

Und noch ein Tipp: Die Bemerkung »Ich denk noch mal drüber nach und komm gleich noch mal wieder. Legen Sie es so lange für mich zurück?« hat keinerlei Bedeutung. Der Kunde will lediglich das Gespräch galant beenden oder spekuliert auf später fallende Preise. Weiterverkaufen!

Wenn der Trödel nicht zum
Kunden kommt,
dann kommt der Kunde
eben zum Trödel!

Alles muss raus!

Der Haus- und Hoftrödel

Das Propheten-Berg-Prinzip!

Eine besondere Form des Trödelmarkts stellt der Haus- und Hoftrödel oder auch Scheunentrödel dar. Hier funktioniert der Handel nach dem Propheten-Berg-Prinzip: Der Händler kommt mit seiner Ware nicht zum Kunden auf den Markt, sondern umgekehrt: Der Kunde kommt zum Händler nach Hause!

Die Gründe für diese Form des Trödelns liegen auf der Hand: Da wäre zum einen ein viel **zu großer Umfang des Trödelsortiments** und/oder zum anderen zu viele und zu sperrige Gegenstände wie Möbel, landwirtschaftliche oder handwerkliche Gerätschaften. In beiden Fällen würden sowohl der Transport zum Trödelmarkt (selbst Kleintransporter reichen da in der Regel nicht mehr!) als auch die Größe des dort anzumietenden Standes alle logistischen und finanziellen Grenzen sprengen.

Um es konkreter darzustellen: Wer das Haus von Oma geerbt hat, dass er gern selbst beziehen (oder verkaufen) möchte, mit Omas Einrichtungsstil aber nicht wirklich glücklich wird, weil er Gelsenkirchener Barock nun mal einfach nicht cool findet, der hat einen ganzen Hausstand an der Backe! Und zwar einen, den er loswerden will!

Auch wer über Jahre hinweg sein eigenes Haus nicht entrümpelt hat, wer sich von nichts trennen kann und alles sammelt, hat irgendwann ein Problem – spätestens dann, wenn er vor lauter Gerümpel die Tür nicht mehr aufbekommt. Und das ist öfter der Fall, als man gemeinhin denkt!

Ausräumen kostet!

Nun kann man ein Entrümpelungsunternehmen bestellen, das das gesamte Haus radikal leer räumt. Das aber kostet Geld (die Kosten variieren je nach Anbieter und Umfang des Hausstandes zwischen ca. 500 und 2500 Euro). **Das heißt, man verdient kein Geld, man gibt es aus!** Und das nicht zu knapp.

Und was die Garage oder der Keller in der Stadt, ist die Scheune oder Gartenlaube auf dem Dorf: ein gigantischer Stauraum, in dem sich alles und nichts sammelt, bis der Stauraum voll ist. Auch hier stellt sich dann irgendwann das Problem: Wohin damit? Und wie kann man all die Dinge da drin zu Kohle machen? Einen kompletten Scheuneninhalt auf einen Markt zu transportieren wäre ein ziemliches Kamikaze-Unternehmen – ein defizitäres dazu.

Also: In beiden Fällen bietet es sich an, einen Trödelmarkt vor Ort im Haus oder im Hof zu organisieren und die Kunden ins Haus bzw. in die Scheune zu bitten – natürlich mit prall gefüllten Portemonnaies. Auch wenn man es vielleicht ein wenig befremdlich findet, am Verkaufstag doch relativ viele und vor allem wildfremde Menschen über seinen Hof oder durch sein Privathaus laufen zu sehen, die dann auch noch in privaten Dingen stöbern – so ein Haus- oder Hofverkauf ist überhaupt nichts Außergewöhnliches, das gehört mittlerweile alles zum guten Trödelton. Und ist nicht selten sehr profitabel.

Gleich und doch ein wenig anders

Die Prinzipien des Haus- oder Hoftrödelns sind in weiten Teilen identisch mit denen auf einem normalen Trödelmarkt. Welche Teile in etwa was wert sind, kann und sollte man für einen Haus- oder Hoftrödel genauso ermitteln wie für einen normalen Trödelmarkt, auch der Reinigungs- und Pflegezustand sollte so gut wie möglich sein. Ebenso gelten die gleichen Strategien des Verhaltens gegenüber Kunden und des Verhandelns über den Preis wie auf einem Trödelmarkt.

Einige Besonderheiten jedoch haben Haus- und Hoftrödelmärkte, auf die ich im Folgenden hinweisen möchte, damit Sie wissen, wie's geht.

Organisation und Strategie – die besten Tipps vom Trödel-King

Anzeigen schalten! Was sonst der (gewerbliche) Veranstalter übernimmt, müssen Sie jetzt selbst organisieren: Sie müssen Ihren Haus- oder Hoftrödelmarkt bewerben, also Anzeigen in der Lokalzeitung oder in der regionalen Annoncenzeitung schalten. Geben Sie Datum, Uhrzeit, Adresse, Telefonnummer an und beschreiben Sie in kurzen, knappen Worten, was Sie veranstalten und was Sie anbieten, zum Beispiel: »**Haushaltsauflösung! Alles muss raus!** Möbel, Porzellan, Heimwerkerwerkzeug, div. Sportgeräte und vieles mehr.« Oder: »Hof- und Scheunenverkauf! Viele alte landwirtschaftliche Geräte (z. T. noch funktionstüchtig), Bauernmöbel und vieles mehr zu günstigen Preisen abzugeben!«

Flyer verteilen! Neben den Anzeigen im Lokalteil der Zeitung sind Flyer-Aktionen ein geeignetes Mittel, Aufmerksamkeit zu erzeugen. Gestalten Sie sie einfach selbst am PC (und wenn Sie das selbst nicht können, fragen Sie im Freundes- und Bekanntenkreis nach, irgendeinen gibt es immer, der das kann). Ca. eine Woche und vielleicht noch einmal drei Tage vor dem Trödeltermin sollten die **Flyer an Tankstellen, in Bäckereien und Metzgereien und Supermärkten** (überall, wo viel Publikumsverkehr herrscht) ausliegen, in der Nachbarschaft im Briefkasten verteilt werden und unter die Windschutzscheibe aller Autos im Stadtviertel oder Dorf klemmen.

Hinweisschilder aufstellen! Am Tag der Verkaufsaktion sollten Sie zudem große Hinweisschilder deutlich sichtbar am Haus oder am Eingang zum Haus oder Hof bzw. Garten aufstellen oder aufhängen. (Für das Anbringen von Plakaten an Orten, die nicht zu Ihrem Privatgrundstück gehören, besteht übrigens Genehmigungspflicht.)

Ware offen präsentieren! Sortieren Sie als Erstes allen Müll komplett aus! Übrig und damit im Haus oder in der Scheune bleibt lediglich, was auch verkauft werden kann und soll. Nach Reinigung aller Gegenstände sollten Sie darauf achten, dass die Ware ansprechend und offen präsentiert wird. Beim Hausverkauf sollten die Schrankinhalte, soweit es geht, auf Tischen oder Anrichten (eventuell Tischdecke unterlegen) zusammengestellt werden. Eine **offene Präsentation** erleichtert es den Besuchern, schnell zu finden, was sie suchen, bzw. schnell zu sehen, was Sie anbieten. So verhindern Sie, dass die Besucher jeden Schrank durchwühlen und Ihnen das ganze Haus auf den Kopf stellen.

Ordnen Sie nach Themen! Beim Hausverkauf bietet es sich an, Porzellan, Gläser und Essbestecke auf einem Tisch, Dekorteile in einer Ecke des Wohnraums, Haushaltsgeräte in einer anderen, Bilder an der einen Wand, Möbel an der anderen usw. zu präsentieren.

Nach gleichem Muster kann man mit all den Gerätschaften in einer Scheune oder Gartenlaube vorgehen. Ordnen Sie auch hier nach Themen oder Funktionen, trennen Sie zwischen Geräten, die nur noch Dekorationszwecken dienen, und Geräten, die eventuell sogar noch funktionieren.

Ware auch draußen präsentieren! Wenn das Wetter mitspielt, weiten Sie die Verkaufsfläche auch auf Außenbereiche aus, also präsentieren Sie Ware, mit der dies problemlos zu bewerkstelligen ist, auch im Garten oder im Hof. So öffnen Sie die Verkaufsfläche und die Leute werden sich bei der Betrachtung Ihres Angebots nicht so sehr auf den Füßen stehen, sondern können etwas freier dazwischen umhergehen. Gerade auf dem

Dorf kommt beim Hoftrödel meist die gesamte Dorfbevölkerung – wenn auch viele nur aus Neugier.

Kaffee und Kuchen heben die Stimmung! Scheuen Sie sich nicht, den über den Tag verteilt hereinströmenden Interessenten selbst gebackenen Kuchen, Kaffee oder zum Frühstück ruhig auch ein paar belegte Brötchen anzubieten. Das hebt die Stimmung und die Kauflaune!

Viel Trödel macht viel Hilfe nötig! Je größer der Haus- oder Scheunenverkauf ist, je weitläufiger die Verkaufsfläche und je umfangreicher das Angebot, desto mehr Hände, die helfen, benötigt man. Also **fragen Sie bei Freunden, Bekannten und Verwandten nach, wer Ihnen beim Verkauf helfen kann**. Vorher sollte man natürlich die Preise grob abgesprochen haben (ggf. Ware mit Preisschildern auszeichnen, damit alle beteiligten Verkäufer auch wissen, von welcher Verhandlungsbasis aus man bei einzelnen Teilen mit Interessenten ins Rennen geht). Im Zweifel sollte man immer untereinander Rücksprache halten.

Wenn sich die Verkaufsfläche über mehrere Etagen verteilt, sollte in jedem Raum oder zumindest auf jeder Etage ein Vertrauter **darauf achten, dass nichts gestohlen wird** (besonders bei vielen Kleinteilen und großen Sammlungen).

Kleinteilsammlungen auszeichnen! Bei besonders vielen Kleinteilen (großen Sammlungen) sollte man sich ein Auszeichnungsgerät besorgen (zum Beispiel im Supermarkt um die Ecke übers Wochenende ausleihen), mit dem man die einzelnen Stücke preislich auszeichnet.

Ausgezeichnete Sammelwut!

Als ich das Haus der Witwe betrat, haute es mich damals fast um! Ein ganzes Haus bis unter das Dach und ein kompletter Garten angefüllt mit gesammelten Gegenständen. Ihr verstorbener Mann war leidenschaftlicher Sammler von so ziemlich allem und jedem gewesen. Ob Lebkuchenformen, Vasen, Laternen, Gläser, Bierdeckel, Bilder, Münzen – wohin man schaute, befanden sich Gegenstände seiner Sammelleidenschaft. Es gab keine leere Wandfläche mehr, kaum noch Stellfläche, das ganze Haus war voll.
Nun gedachte die sympathische Frau das Haus zu verkaufen und in eine kleinere Wohnung umzuziehen. Also musste sie sich rein mengenmäßig von vielen der Gegenstände trennen. Da gab es nur eins: Wegen der Vielzahl von Dingen kam nur ein Hauströdel infrage. Aber der von mir organisierte Hauströdel wäre ohne eine **Auszeichnung mit Preisschildern** überhaupt nicht möglich gewesen! Die Kundschaft hätte alle Beteiligten mit Preisauskünften zu jedem Kleinteil von morgens bis abends in Grund und Boden gefragt. Mit einem Auszeichnungsgerät hatten wir jedoch die meisten Teile gekennzeichnet. Die Interessenten kamen, sahen, machten ein Angebot – und ab ging die Post! Zum Schluss war eine Menge Geld in der Kasse, auch wenn wir längst nicht alles verkauft hatten.

Köder auswerfen! Stellen Sie am Trödeltag attraktive Möbel oder landwirtschaftliche Gerätschaften im Eingangsbereich des Hauses oder Hofes auf (ggf. mit einem Schild und Hinweis zum Haus- oder Hoftrödel versehen). Solche Teile mehr oder weniger auf offener Straße sind ein echter Hingucker. So macht man auch zufällig vorbeigehende Passanten zu potenziellen Interessenten.

Die »Rabatt-Brötchen-Strategie«! Auch bei Haus- oder Hofverkäufen gilt: Versuchen Sie, mehrere Teile mit, relativ gesehen, sinkendem Preis anzubieten, auch wenn es sich um größere Gegenstände handelt als normalerweise auf einem Trödelmarkt. Die Verkaufsstrategie lautet dann in etwa so: »Ein Tisch für 50, zwei Tische für 90 und noch obendrauf das Massagegerät, macht zusammen 100 Euro!« Und wenn der Kunde dann immer noch nicht so recht zuschlagen will, legen Sie ihm morgens als letzten Anreiz noch ein belegtes Brötchen drauf: »Obendrauf gibt's dann noch ein Frühstück für dich und deine Frau, ein paar belegte Brötchen und 'ne Tasse Kaffee! So, mehr kann ich jetzt aber nicht mehr machen. Da kannste jetzt aber wirklich nicht mehr Nein sagen!« Nachmittags gibt's dann statt Brötchen Kaffee und Kuchen.

Leute aktiv ansprechen! Bieten Sie die Dinge aktiv an, im Zweifel einfach über den Markennamen und dann den Preis: »Darf ich Sie mal auf diese kleine Sauciere von Hutschenreuther ansprechen? Ist das nicht ein schönes Stück? Für so was zahlt man im Handel um die 80 Euro. Bekommen Sie heute hier von mir für schlappe 50. Da kann man doch gar nicht Nein sagen!« Mit solchen Hinweisen spricht man den Schnäppchenjäger im Menschen an. Und es gibt, vor allem in Deutschland, nichts Erregenderes als das Gefühl, ein Schnäppchen gemacht zu haben!

Mit Trödelprofis verhandeln! Bei Hausverkäufen tauchen nicht selten Profi-Trödler auf (meist früh am Tag), die eigentlich ein Interesse daran haben, **den gesamten Hausstand auf einen Schlag** abzuräumen, um ihn selbst auf irgendeinem Trödelmarkt gewinnbringend weiterzuverkaufen. Diese Spezialisten erkennt man meist daran, dass sie an außergewöhnlich vielen Dingen ein Interesse zeigen. Viele Trödelprofis bieten in solchen Fällen allerdings lediglich an, das Haus umsonst oder sogar gegen Honorar leer zu räumen. In beiden Fällen würden Sie zwar das Haus leer bekommen, aber Ihr Portemonnaie wird davon nicht voller.

Nun müssen Sie entscheiden: Geht es allein darum, die Entsorgungskosten (s. oben) des Hausstandes zu sparen? Dann können Sie sich auf das Angebot, das Haus kostenlos leer zu räumen, einlassen. Wenn Sie allerdings noch ein paar Euro verdienen wollen und vor allem wenn sich ein paar wertvollere Teile im Haus befinden, dann sollten Sie über ein Komplettangebot verhandeln. Auf diese Weise wird man auf einen Schlag alles los, muss keine Entsorgungskosten tragen und hat auch noch ein paar Euro in der Tasche. Ein schneller, unkomplizierter Deal!

Morgenstund' hat Gold im Mund! Morgens, zu Beginn eines Hauströdels, sind in der Regel mehrere Personen anwesend. Und oftmals sind sie an den gleichen Dingen interessiert. Diese **Konkurrenzsituation** sollte man gnadenlos ausnutzen, das heißt, man sollte versuchen, möglichst viel zu verkaufen, zum Beispiel ganze Gläsersätze – zu einem guten Gesamtpreis. Der Käufer nimmt sich morgens in dieser Situation nämlich nicht die Zeit, um alle Einzelstücke genauestens zu untersuchen. Und die Konkurrenzsituation setzt ihn unter Druck, schnell zu entscheiden. Wenn man sich jetzt nicht handelseinig wird, der Interessent geht und ankündigt, dass er stattdessen vielleicht später am Abend noch einmal vorbeikommt, dann hat man bereits verloren!

Denn später, wenn weniger los ist, hat der Interessent erstens Zeit für eine genaue Prüfung (und Aussortierung!) und steht wegen mangelnder Konkurrenz nicht mehr so sehr unter Druck. Jetzt steht vielmehr der Verkäufer unter Druck: Er muss oder will jetzt verkaufen, um jeden Preis, weil er sonst auf den Dingen sitzen bleibt.

»Schatzkisten« anbieten! Füllen Sie Umzugskartons mit Kleinteilen und bieten Sie diese Kartons als kleine »Schatzkisten« an. In denen können die Interessenten selbst auf Suche gehen. Das sorgt für Schatzgräberstimmung und hebt die Kauflaune.

Schrott oder Trödel? Alles, was bei einem Haus- oder Hoftrödel an Kleinteilen übrig bleibt und nicht verkauft wurde, ist nun entweder ein Fall für den Sperrmüll oder für einen Stand auf dem Trödelmarkt. Bevor man sich allerdings für einen Trödelmarkt entscheidet, sollten Sie unbedingt die Trödelkalkulation anstellen (—> Seite 64 f.). Denn lohnen muss er sich ja schon, der Aufwand!

Viele Wege führen zum Ziel!

Warenhandel jenseits der Trödelmärkte

Alternative Verkaufsmöglichkeiten – Internet, Auktionen, Fachhandel u. v. m.

Kaufen und Verkaufen im Internet

Kaufen und Verkaufen ist immer auch eine Frage der sinnlichen Wahrnehmung: Ich würde jedenfalls niemals mehr irgendetwas kaufen, was ich zuvor nicht selbst in der Hand habe halten können, was ich nicht auf Funktionstüchtigkeit hin überprüfen konnte oder was ich ggf. sogar beschnuppern konnte. All das kann ich auf jedem Markt, ob es ein Antiquitäten-, ein Sammler- oder ein Trödelmarkt ist.

Und all das kann man auf einem der mittlerweile größten Märkte leider nicht. Denn dieser Markt ist eher virtuell und unsinnlich, weil elektronisch. Gemeint sind natürlich all jene Auktionshäuser, die ihre (mittlerweile zum Teil gigantischen) Geschäfte (mitunter weltweit) im Internet betreiben.

Alternativen zu Internet-Auktionen – Kleinanzeigen und Fachhandel

Neben diesen Auktionshäusern, die sich größter Beliebtheit erfreuen, gibt es aber noch einige andere Verkaufsplattformen und Vertriebsmöglichkeiten, die meines Erachtens nach unterschätzt werden, obwohl sie viel interessanter, transparenter, kreativer und auch erfolgreicher sind als Internet-Auktionen. Dazu zählen vor allem einige offene Anzeigenmärkte im Internet (ebenso wie in den einschlägigen Printmedien).

Und ich möchte Ihnen darüber hinaus noch einige andere Anregungen mit auf den Weg geben, über welche Kanäle man bestimmte Gegenstände, vor allem die etwas höherwertigen, noch so an sein Zielpublikum bringen kann. Doch widmen wir uns zunächst den Internet-Auktionshäusern.

Internet-Auktionshäuser – Vor- und Nachteile

Das Prinzip

Das Prinzip von Internet-Auktionshäusern ist relativ einfach: Auf einer Internetplattform können Verkäufer einen Gegenstand – egal, welcher Größe – zum Verkauf anbieten. Käufer können innerhalb des vom Verkäufer vorgegebenen Auktionszeitraumes ein entsprechendes **Angebot** abgeben. Das letzte (und höchste) Gebot erhält den Zuschlag – und all dies kann von jedem Rechner der Republik aus vorgenommen werden: Ein Käufer aus Flensburg kann also auf ein Angebot aus Passau ein **Gebot** abgeben und wird als höchster Bieter nach Zahlung vom Anbieter mit dem ersteigerten Artikel per **Zustelldienst** beliefert.

Im Prinzip funktioniert dies sogar weltweit: Sie können mittlerweile problemlos von Ihrem Schreibtisch in der Pfalz aus einen Bauernschrank in der Provence oder in South Carolina ersteigern – wenn Sie das wollen. Das wollen aber nur wenige.

Die Vorteile

Der erste Vorteil eines solchen Systems liegt auf der Hand: Es ist die schiere **Größe!** Durch den republikweiten Zugriff auf dieses Handelsforum hat sich ein gigantischer Markt entwickelt, der rund um die Uhr brummt. Hin und wieder kommt es sogar vor, dass versierte Trödler auf dem Flohmarkt bestimmte Produkte (billig) einkaufen und im Internet zu einem besseren Preis weiterverkaufen. Doch man sollte daraus keine Gesetzmäßigkeit ableiten, Internet-Auktionshäuser sind keinesfalls die besseren Flohmärkte!

Ein zweiter Vorteil: Man kann **Einzelstücke** verkaufen, egal, in welcher Größenordnung, egal, von welcher Qualität, egal, ob neu oder gebraucht. Ob Sie einen Kleiderschrank, ein Auto oder einen Fingerhut verkaufen möchten – alles ist möglich. Der Preis wird vom Markt bestimmt: Wenn in einer Auktion nur 1 Euro geboten wird, dann gibt der Markt eben nicht mehr her. Werden 2 Millionen Euro geboten: Gratulation!

Dritter Vorteil: Man muss zum Verkauf von Einzelteilen keinen Transporter leihen und bepacken, um damit zu einem Trödelmarkt zu fahren und dort einen Stand aufzubauen. Man muss mit seinen wertvolleren Schätzchen auch nicht auf die zum Teil weiter entfernt stattfindenden Sammler- und Spezialmärkte oder Auktionen fahren – **das Auktionshaus befindet sich in Ihrem Rechner**, auf Ihrem Bildschirm, zu Hause!

Die Nachteile

Der entscheidende erste Nachteil: Der Käufer kann sich von der angebotenen Ware **keinen sinnlichen Eindruck verschaffen** – jedenfalls dann nicht, wenn eine Inaugenscheinnahme wegen einer zu großen Entfernung zwischen Anbieter und Interessent mit einem unverhältnismäßigen Aufwand einhergeht. Man kauft also immer auch eine gewisse Portion Risiko mit.

Der zweite Nachteil: Wenn Sie viele Einzelteile versteigern oder verkaufen, vielleicht gar einen ganzen Hausstand, **dann werden Sie sich einen Wolf packen** und einen ebensolchen fahren, weil Sie jedes Teil transportsicher verpackt zur nächsten Postannahmestelle bringen müssen. Machen Sie das mal mit 150 Einzelteilen! Da können Sie auch gleich den Aufwand auf sich nehmen und einen Marktstand bestücken.

Und trotz aller AGBs und trotz aller Versuche der Betreiber, den Internethandel juristisch für Käufer und Verkäufer so sicher wie möglich zu gestalten, so kauft man doch immer eine **Katze im Sack**. Und so bleiben immer auch Möglichkeiten, zu betrügen und den jeweiligen Handelspartner hinters Licht zu führen.

Schwammige Rechtslage

Hinzu kommt, dass die Rechtsgrundlagen von Internet-Auktionshäusern recht schwammig sind. So sind zum Beispiel die Grenzen zwischen privaten Händlern und gewerblichen Händlern auf Handelsplattformen fließend und nicht klar geregelt. Wer auf einen Schlag den gesamten Keller leer räumt (mehr als 30 oder 40 Teile), kann(!) bereits als gewerblicher Händler gelten, der seinen Kunden gegenüber zum Beispiel **Widerrufsrechte** einräumen muss. Dubiose Anwälte haben sich diese Rechtsunsicherheit zunutze gemacht und eine Lawine von kostenpflichtigen Mahnbescheiden gegen diverse Händler losgetreten. Gegen alles und jeden ziehen diese Rechtsverdreher wegen unlauteren Wettbewerbs, wegen nicht eingeräumter Widerrufsrechte und einiger anderer juristischer Spitzfindigkeiten zu Felde.

Als Händler bleibt einem in solchen Fällen allein: entweder **Unterlassungserklärung** unterschreiben und **Anwaltsgebühren** (von 500 bis 1000 Euro und mehr) zahlen – oder einen Prozess riskieren. Das Motiv dieser Anwälte liegt in den seltensten Fällen darin, im Interesse von Mandanten Recht einzuklagen: Selbst Landgerichte haben bereits formuliert, dass solche Anwälte »als Abmahnanwälte im eigenen Kosteninteresse« auftreten würden.

Wenn Kunden und Betreiber zum Gegner werden

Auch Kunden können extrem nervig werden. Auseinandersetzungen um verkaufte Ware, selbst im unteren Euro-Bereich, werden von einer bestimmten Käuferspezies gerne auch bis hin zu **juristischen Auseinandersetzungen** getrieben. Es gibt Käufer, die ein Produkt kaufen oder ersteigern (zum Unterschied unten mehr), das im Netz als »nicht funktionstüchtig« ausgezeichnet war, und sich anschließend vor dem Kadi über eben diese Funktionsuntüchtigkeit beschweren wollen. Wenn das Schicksal Ihnen solche Kunden beschert, kann Sie das um den Verstand bringen. Solche Typen gibt es aber. Ich könnte ein Lied davon singen …

Nicht selten grätschen auch die Betreiber in Auktionen, nehmen Anbieter und ihr Angebot einfach aus dem Netz, weil sie (fälschlicherweise) einen **Verstoß gegen die AGB** unterstellen. Die Möglichkeiten, mit den Betreibern solche Probleme zu besprechen oder zu lösen, gestalten sich oft als sehr schwierig, weil die gesetzlichen Rahmenbedingungen in Teilen sehr schwammig sind (s. oben) oder es sich schwierig gestaltet, bei den Betreibern Verantwortliche zu finden und eine Kommunikation aufzubauen.

Und dennoch …

Für viele Menschen, die hin und wieder etwas zum Verkauf anbieten wollen, für das es in unmittelbarer Nachbarschaft einfach zu wenige oder vielleicht auch gar keine Interessenten gibt, ist eine solche Internetplattform natürlich eine gute Möglichkeit, zahlungswillige Interessenten selbst im entlegensten Winkel Deutschlands zu erreichen. Und die wenigsten Nutzer haben sich dabei bisher mit irgendwelchen Problemen herumschlagen müssen.

Wie es geht – die besten Tipps vom Trödel-King

Ich kann an dieser Stelle natürlich nicht alle technischen Details der Internet-Auktionshäuser, ihre Systeme und die Spitzfindigkeiten beim Internet-Kauf und -Verkauf beschreiben. Viele Leser werden zudem mit dieser Verkaufsform wahrscheinlich schon längst vertraut sein. Für alle anderen kann ich an dieser Stelle nur die wichtigsten Rahmenbedingungen darstellen. Mit ein wenig Zeit und Geduld wird man jedoch selbst als Anfänger in der Lage sein, sich mit diesen Rahmenbedingungen der Internet-Auktionshäuser vertraut zu machen.

Wer sich jedoch nicht zutraut, allein mit den Vorgehensweisen der Internet-Auktionshäuser zurechtzukommen, der sollte sich an jemanden aus dem Verwandten-, Freundes- oder Bekanntenkreis wenden, der bereits in einem oder mehreren Auktionshäusern eingetragenes Mitglied und in den Verfahren sattelfest ist, also das Procedere kennt. Die statistische Wahrscheinlichkeit, dass Sie einen solchen Menschen kennen, ist sehr hoch! Und die Wahrscheinlichkeit, dass Ihnen geholfen wird, auch!

Fotos und Beschreibungen

In den unten genannten Internet-Auktionshäusern (ebenso wie in vielen der noch weiter unten beschriebenen Portalen für Internet-Kleinanzeigen) hat man die Möglichkeit, den Gegenstand, den man verkaufen möchte, zu beschreiben und auch mit einem oder mehreren Bildern zu zeigen. Zu Letzterem würde ich in jedem Fall raten. Ohne Fotos hat der Kunde überhaupt keine Möglichkeit, sich im wahrsten Sinne ein Bild von dem betreffenden Gegenstand zu machen, den er kaufen soll. Also: Gute Bilder sind wichtig!

Sowohl bei den Beschreibungen als auch bei den Fotos sollte man die folgenden Tipps beherzigen:

Produktbeschreibungen

Machen Sie **kurze und prägnante Angaben** zu den Stücken. Erzählen Sie also nicht die Lebensgeschichte von Oma, sondern geben sie präzise an: was es ist, wie alt bzw. aus welchem Jahr es ist, wer der Hersteller ist, ggf. welche Ausmaße es hat, ggf. welchen Neupreis es mal hatte. Und geben Sie alle weiteren relevanten Details an: Das können Stempel oder Prägungen sein, Seriennummern, das können aber auch technische Bezeichnungen (PS, Kubikzahl etc.) oder Normen sein.

Und **seien Sie ehrlich**: Wenn das betreffende Teil Gebrauchsspuren oder Beschädigungen aufweist, dann weisen Sie darauf hin.

Uhren oder Kameras und andere technische Gegenstände von (Sammler-)Wert sollten Sie zuvor im Fachhandel auf ihre **Funktions-**

tüchtigkeit checken lassen. Wenn die Teile in Ordnung sind, lassen Sie sich vom betreffenden Fachhändler das Ergebnis seiner Überprüfung schriftlich mit Ergebnis bestätigen. Auf solche Expertisen sollten Sie im Beschreibungstext hinweisen.

Wenn ein **Gegenstand defekt** ist und nicht mehr die ihm ursprünglich zugedachte Funktion erfüllen kann, dann schreiben Sie dies deutlich und mit Ausrufezeichen dazu!

Und auch wenn Sie als Privatverkäufer (Sie können auch als gewerblicher Profi auf diesen Auktionsplattformen agieren) mit Ihrem Angebot erkenntlich sind, empfehlen Fachanwälte, **um rechtliche Haftungsansprüche abzuwehren**, unter das Angebot sicherheitshalber immer **die folgende Standardformel** zu setzen: »Es handelt sich um eine Privatauktion; ich übernehme keine Gewährleistung und keine Garantie nach EU-Recht.«

Fotos

Stellen Sie zu den angebotenen Produkten immer auch mindestens ein, **besser mehrere Bilder** ins Netz. Dazu benötigen Sie eine Digitalkamera. Von der können Sie über Kabel oder Chip entsprechende Bilder abrufen und zu dem entsprechenden Produkt ins Netz einstellen. (Ist im Übrigen selbst für technische Laien leichter, als man befürchten mag.)

Wichtig: Verwenden Sie nur scharfe und gute Fotos!

Achten Sie darauf, dass der **Hintergrund neutral** ist und nicht noch irgendein Müll und Prüll zu sehen ist.

Wenn Sie die Möglichkeit haben, dürfen Sie die Bilder durchaus auch atmosphärisch stimmig anlegen: Stellen Sie zum Beispiel landwirtschaftliche Geräte vor eine Backsteinwand vom Bauernhaus, Modelleisenbahnwaggons können Sie ruhig in eine künstliche Modelleisenbahnlandschaft stellen, Puppen in eine Puppenstube, Gläser auf einen gedeckten Tisch etc. Bei aller Atmosphäre muss aber der betreffende Gegenstand immer klar und deutlich erkennbar bleiben.

Besonders wichtig: Fotografieren Sie, wenn vorhanden, in Großaufnahme die am Produkt angebrachten **Herstellerhinweise**, also: bei technischen Geräten wie zum Beispiel Seilzügen oder Rasenmähern die Typenschilder, bei Feinsilber die Prägungen, bei Puppen oder Porzellan die Stempel der Hersteller etc. Diese Details sind Ausweis der Qualität des von Ihnen angebotenen Produkts, und diese ins Netz zu stellen ist als Information für die Kunden wichtig, da diese ja keine Möglichkeit haben, das Produkt selbst in Augenschein zu nehmen.

Auch **Zertifikate** über Reparaturen oder Generalüberholungen, schriftlich dokumentierte Funktions-Checks und -bestätigungen durch den Fachhandel sollten Sie (eventuell sogar deutlich lesbar) mit der Makrofunktion Ihrer Kamera ablichten und ins Netz stellen. Sollte dies technisch nicht möglich sein, dann verweisen Sie im Text der Produktbeschreibung deutlich auf diese Dokumente.

Die Auktionshäuser

www.ebay.de

eBay ist das mit Abstand größte Internet-Auktionshaus in Deutschland. Und nicht nur in Deutschland: eBay ist weltweit in 38 Märkten präsent und zählt weltweit mehr als 80 Millionen Nutzer in insgesamt über 50.000 Verkaufskategorien. Als Auktionshaus ist es – trotz aller Skepsis, die man obwalten lassen sollte (s. oben) – also zu berühmt, zu groß und zu populär, um an dieser Stelle nicht darauf hinzuweisen.

Der Trödel-King: Vom eBayaner der ersten Stunde zum großen Skeptiker

Ich selbst war eBayaner der ersten Stunde, habe in den vergangenen Jahren bereits Hunderttausende Artikel über eBay verkauft. Mittlerweile stehe ich eBay jedoch zunehmend skeptisch gegenüber: Zu viele halbseidene Figuren treiben sich da inzwischen im Netz herum, bieten fragwürdige Produkte an, liefern einfach die bezahlte Ware nicht, bezahlen die ersteigerte Ware nicht oder liefern entgegen der Produktbeschreibung schlechte Ware.

Zudem versuchen dubiose Anwälte sich auf der Grundlage unklarer Rechtslagen und auf Kosten der Anbieter zu bereichern (s. oben). Da haben auch alle noch so bemühten Versuche des Betreibers, dies zu verhindern oder einzuschränken, bisher nicht wirklich weitergeführt.

Wer wie ich im wirklich großen Stil eBay als Handelsplattform nutzt, erhöht statistisch natürlich die Wahrscheinlichkeit, auch mit den Nachteilen dieses Handelsweges konfrontiert zu werden. Und es gibt natürlich viele andere Menschen, die Internet-Auktionen und -Handelsplattformen nutzen und nur gute Erfahrungen gemacht haben. Schlussendlich muss jeder für sich selbst **nach einer Güterabwägung entscheiden**, ob er Internet-Auktionen und -Handel betreiben will oder ob er lieber andere Wege sucht – und findet (s. unten).

Anmeldung

Um auf eBay irgendetwas verkaufen (oder kaufen) zu können, müssen Sie sich unter Angabe persönlicher Kontaktdaten (Name, Adresse, Telefonnummer, E-Mail-Adresse) zunächst (kostenfrei) anmelden. Anschließend wählt man einen Mitgliedsnamen und ein Passwort aus. Sie können sich als gewerblicher oder als privater Verkäufer anmelden. Für den Zahlungsverkehr müssen Sie Ihre Konto- oder Kreditkartendaten angeben.

Verkaufsmöglichkeiten

1) Versteigerung. Sie haben die Möglichkeit, einen gewünschten Artikel (oder mehrere, zum Beispiel ein ganzes Porzellanservice etc.) ersteigern zu lassen (Sie können auch mehrere Versteigerungen zeitgleich laufen lassen!). Dazu geben Sie selbst das gewünschte Start- bzw. Mindestgebot (0 bis xy Euro) sowie die Zeitgrenze der Versteigerung an.

2) Sofort Kaufen. Sie haben auch die Möglichkeit, einen (oder mehrere) Artikel unter Angabe eines Festpreises für einen gewissen Zeitraum anzubieten. Für diesen von Ihnen vorgegebenen Festpreis gilt es innerhalb des von Ihnen bestimmten Zeitraums einen Käufer zu finden. Ersteigert werden kann der betreffende Artikel dann nicht. Wenn Sie sich über den Wert eines Artikels ziemlich sicher sind, ist dies eine Verkaufsmöglichkeit, die ein enttäuschend schlechtes Versteigerungsergebnis natürlich ausschließt. In der Regel bleibt man aber bei einer zu hohen Preisansage auf seinem Artikel sitzen. Und: Diese Vorgehensweise schließt natürlich auch positive Überraschungen nach oben aus.

Kontaktaufnahme und Fragen stellen

Während der Zeit, in der Ihr Artikel zum Festpreis oder zur Versteigerung bei eBay angeboten wird, besteht für potenzielle Interessenten die Möglichkeit, per E-Mail Kontakt mit Ihnen aufzunehmen und Fragen zu Ihrem Artikel zu stellen. Auf diesem Weg kann man auch eine Besichtigung des Artikels vor Ort vereinbaren, was realistischerweise aber nur innerhalb gewisser Kilometergrenzen praktizierbar und sinnvoll ist.

Service

eBay bietet eine Vielzahl von Möglichkeiten an, Angebote zu suchen, zu finden, zu beobachten und über eine erweitere Suchfunktion festzustellen, welche Artikel zu welchem Preis tatsächlich versteigert wurden (—> Seite 21). Um Artikel einzustellen, werden für viele Warengruppen spezifische Masken angeboten, in denen man als Verkäufer alle technischen Daten anklicken kann, die für Käufer als Information relevant sein könnten – eine Einrichtung, die den Informationsfluss natürlich für alle Beteiligten entsprechend vereinfacht.

Fotos

Ein Bild des angebotenen Gegenstandes ist kostenlos, für weitere Bilder erhebt eBay Gebühren.

Bezahl- und Lieferbedingungen

Mit dem Ende einer Versteigerung besteht ein Kaufvertrag zwischen dem Höchstbieter und dem Anbieter. Sobald das Geld des Käufers auf dem Konto des Verkäufers gutgeschrieben ist, ist der Verkäufer gehalten, das betreffende Produkt dem Käufer über einen **Lieferdienst freier Wahl** zuzustellen. In der Regel bezahlt der Käufer die Zustellgebühren – je nach Vereinbarung kann aber auch der Verkäufer diese Gebühren übernehmen.

Er kann das versteigerte oder per »Sofort Kaufen« verkaufte Produkt aber auch persönlich übergeben. Oder er hat zuvor im Angebot darauf hingewiesen, dass das betreffende Produkt nur für **»Selbstabholer«** zur Verfügung steht. Die Bezahlung erfolgt per Überweisung nach vorherigem Austausch der Bankverbindungen oder per PayPal (ein spezielles Zahlverfahren, das über den Betreiber der Internetseite abgewickelt wird).

Bewertungen

Nach erfolgter Bezahlung und Zustellung der Ware sind sowohl der Verkäufer als auch der Käufer gehalten, eine kurze **Bewertung seines Handelspartners** vorzunehmen. Diese Bewertungen können positiv, negativ oder neutral sein und sind fortan von allen anderen eBay-Benutzern einsehbar – eine **vertrauensbildende Maßnahme** für alle Beteiligten, denn so lässt sich jederzeit überprüfen, wie zuverlässig sich ein Käufer oder Verkäufer bereits verhalten hat (Betrug ist dabei allerdings nicht auszuschließen).

Einstellgebühren und Verkaufsprovisionen

eBay verlangt für jedes eingestellte Angebot eine – je nach Höhe des Mindestgebots bzw. der Höhe des über »Sofort Kaufen« vorgegebenen Festpreises gestaffelte – Einstellgebühr. Kommt es bei einer Versteigerung zu einem Verkauf, berechnet eBay neben der Einstellgebühr noch eine, ebenfalls gestaffelte, Verkaufsprovision hinzu. Und **diese beiden Kostengrößen sollte man als Verkäufer in der Kalkulation immer im Auge behalten**, denn sie sind nicht zu knapp.

www.hood.de

Das zweitgrößte Internet-Auktionshaus, das mit einer ebenfalls riesigen Anzahl von Kategorien im Wesentlichen nach dem gleichen Prinzip seine Dienste anbietet wie eBay.

Die technischen Möglichkeiten und der Service sind zwar nicht ganz so umfangreich und die Anzahl der Mitglieder (über eine Million) ist wesentlich kleiner, aber es gibt zwei nicht uninteressante Vorteile:

Der kleine Unterschied

1) Man zahlt im Gegensatz zu eBay weder Einstellgebühren noch Verkaufsprovisionen, was für jeden Verkäufer einen wirklich nachdenkenswerten Vorteil gegenüber eBay darstellt.

2) Als Verkäufer hat man neben der klassischen Auktion und der Sofort-Kaufen-Option die Möglichkeit, sich von Käufern einen Preis vorschlagen zu lassen. Potenzielle Interessenten können dann über den Button »Preis vorschlagen« eine bestimmte Summe nennen, die sie bereit wären zu zahlen. Als Verkäufer können Sie diesen Vorschlag annehmen, ablehnen oder aber ein Gegenangebot machen. Wenn der Verkäufer einen Preisvorschlag annimmt, entsteht sofort ein rechtsgültiger Kaufvertrag, der das Sofort-Kaufen-Gebot oder die laufende Auktion unterbricht und außer Kraft setzt.

www.ricardo.ch – der Favorit vom Trödel-King

Ricardo ist das größte Internet-Auktionshaus in der Schweiz. Der Umsatz von deutschen Händlern beträgt zwar erst 3 %, doch auch bei uns erfreut es sich immer größerer Beliebtheit. Das Angebot, eingeteilt in 32 Kategorien von A wie Antiquitäten bis W wie Wein & Genuss, ist riesig. Es gibt sogar Schnäppchen für weniger als 1 Euro. Auffällig ist, dass Angebote nicht oder nur sehr selten vor Auktionsende von unseriösen Verkäufern beendet werden. Was mir an ricardo besonders gefällt, ist der vorbildliche Kundenservice. Hat man irgendeine Frage, kann man anrufen oder aber eine Mail schicken. Nach meiner Erfahrung dauert es nur Minuten, bis man eine Antwort zurückgeschickt bekommt. Zudem ist die Webseite sehr übersichtlich gestaltet.

www.freebid.de – das Auktionsportal für Sammler

Während eBay und Hood auf ein extrem weit gestreutes Angebot setzen, in dem sich natürlich *auch* begehrte Sammelobjekte finden lassen, setzt das vergleichsweise kleine, aber feine Auktionsportal freeBID allein auf den Sammlermarkt.

Unterteilt in Rubriken wie alte Technik, Edelsteine, Glas, Erotica, Postkarten, Reklame, Scherenschnitte, Tabakpfeifen, Uhren, Vitrinenobjekte, Zinn und viele mehr, bietet diese Seite ein überschaubares, aber für

Sammler und solche, die Sammlern etwas verkaufen möchten, attraktives Angebot.

Auch hier muss man sich als Mitglied anmelden, auch hier kann man wie bei eBay oder Hood Artikel zum »Sofort Kaufen« oder Versteigern anbieten. Ebenso werden Bewertungen des jeweiligen Handelspartners vorgenommen und es können Bilder eingestellt werden.

Dieses Auktionsportal kann man vor allem auch zur Orientierung der gebotenen Preise und damit als Portal zur Wertermittlung eigener Waren nutzen.

Man gelangt entweder direkt über www.marktcom.de oder über www.freebid.de (—> Seite 34, 133), dort über den Button »Sammlerauktionen«, auf die Startseite dieses Internet-Auktionshauses.

Internet-Kleinanzeigen

Einerseits: bundesweit nutzbar …

Eine echte Alternative zu Internet-Auktionen stellen Internet-Kleinanzeigen dar, wie man sie früher allein in den regionalen Tageszeitungen oder Annoncenblättern aufgeben konnte (und auch heute noch kann). Der entscheidende Unterschied und Vorteil einer Internet-Anzeige im Vergleich zu regionalen Printanzeigen besteht darin, dass man eben nicht nur die Interessenten aus der Region oder Stadt mit seinem Angebot erreicht, sondern auch potenzielle Kunden aus einer ganz anderen Region der Republik. Denn wie bei den Internet-Auktionshäusern kann man von jedem Rechner aus nachschauen, was zum Beispiel in Schleswig-Holstein oder in Oberbayern in einer bestimmten Produktkategorie angeboten wird. Vor allem für Produkte, die leicht zu verschicken sind, sind diese Kleinanzeigenportale **eine bundesweit nutzbare, echte Alternative zu Internet-Auktionshäusern**.

Andererseits: aus der Region, für die Region!

Noch viel größere Vorteile bieten regionale und städtische Internet-Kleinanzeigen vor allem für große, schwer transportable Gegenstände sowie für hochwertige Gegenstände. Und das aus einem ganz einfachen Grund: **Die Transportwege sind kurz** und damit kostengünstig und auch bei einem höherwertigen Angebot kann man ohne große Anreise die Qualität persönlich in Augenschein nehmen, bevor man sich zum Kauf entscheidet. Man vereint mit diesen regionalen Kleinanzeigen im Internet also gleich mehrere Vorteile.

Hinzu kommt, dass die Angebote (mit Fotos) und der Erwerb (in der Regel) kostenlos sind. Der gesamte Handel und die Kontaktaufnahme sind nach meinem Empfinden zudem **transparenter und offener** als in manchem Internet-Auktionshaus. So kann man problemlos über E-Mail, Telefon oder Handy mit den Anbietern in Kontakt treten, sich in Ruhe über die Details unterhalten, Besichtigungstermine und Liefer- oder Abholbedingungen verabreden und – vor allem – den **Preis aushandeln**. Zwar geben viele Anbieter einen Preis an, den sie erzielen möchten, aber der ist eben nicht in Beton gegossen. Viele Angebote werden hingegen auch komplett ergebnisoffen mit »VB«, also »auf Verhandlungsbasis« angeboten.

Auf allen Seiten gibt es einen Button oder Link, der alle weiter gehenden Fragen zu den Handelskonditionen und technische Fragen in der Regel leicht verständlich erläutert (unter: Fragen, Hilfe, FAQ oder Ähnlichem).

www.kijiji.de

Großer Kleinanzeigenanbieter, in über 1000 Städten und in vielen europäischen Ländern vertreten. Kijiji ist Suaheli und heißt »**Dorf**«, ein netter Hinweis auf den Umstand, dass durch das Internet die Welt ein großes Dorf geworden ist, auf dessen elektronischem Dorfplatz wie auf einem realen Dorfplatz Handel stattfinden kann. Das wiederum kann aber nicht darüber hinwegtäuschen, dass hinter Kijiji kein afrikanischer Kleinanbieter steckt, sondern eBay.

Eine **Anmeldung** als Mitglied ist **möglich, aber nicht erforderlich**. Eine Anzeige wird für 60 Tage ins Netz gestellt und ist kostenlos! Lediglich gewerbliche Anzeigen und besonders hervorgehobene Anzeigen sind kostenpflichtig.

Man gibt als Anbieter seinen Standort (Stadt und Postleitzahl) an und ist im weiteren Text, in der Beschreibung (mit oder ohne Fotos) und **Preisgestaltung völlig offen**. Man kann, muss aber keinen Preis angeben. Man kann, muss aber keine Telefonnummer angeben (dann erfolgt der Erstkontakt mit Interessenten über E-Mail).

Die Preisgestaltung kann telefonisch, per E-Mail oder direkt vor Ort ausgehandelt werden. Auch die Lieferung oder **Abholung wird frei vereinbart**.

Die Anzeigen werden aufgeschlüsselt nach Kategorien wie zum Beispiel Antiquitäten, Spielzeug, Mobiliar und Porzellan sowie nach Bundesländern. Man kann ein und denselben Artikel **nicht in mehreren Bundesländern annoncieren**.

Die **Suche** erfolgt geordnet nach Bundesländern (oder bundesweit), einigen Topstädten und entsprechenden Artikelkategorien oder indem man einen Suchbegriff eingibt.

www.Quoka.de

Ebenfalls ein großes Internet-Kleinanzeigen-Portal mit 1.900.000 Anzeigen zu den unterschiedlichsten Kategorien. Die Inserierung einer **Kleinanzeige ist kostenlos**. Kostenpflichtig sind lediglich optisch herausgehobene Platzierungen. Eine spezielle **Registrierung ist nicht notwendig**, aber möglich.

Bei einem Inserat gibt man als Anbieter zur Kontaktaufnahme mindestens die E-Mail-Adresse und den Ort mit Postleitzahl an. Telefon kann, muss aber nicht angegeben werden.

Die **Suche** erfolgt geordnet nach Bundesländern (oder bundesweit) oder Städten, entsprechenden Artikelkategorien oder indem man einen Suchbegriff eingibt.

www.markt.de

Ein weiterer großer regionaler Kleinanzeigenmarkt mit 1.600.000 Anzeigen, die man nach Bundesländern aufgeteilt schalten kann (Postleitzahl und Stadt müssen angegeben werden). **In mehreren Bundesländern kann nicht derselbe Artikel annonciert werden**. Man kann, muss sich aber nicht registrieren.

Die für 6 Wochen geschalteten Anzeigen sind kostenlos (inkl. bis zu 6 Bildern). Kostenpflichtig sind Immobilienanzeigen und besonders hervorgehobene Anzeigen. Kontakt zum Anbieter wird hergestellt über E-Mail, Telefon oder auch Chiffre.

Die **Suche** erfolgt geordnet nach Bundesländern (oder bundesweit) oder Städten (bzw. Postleitzahlen), entsprechenden Artikelkategorien oder indem man einen Suchbegriff eingibt.

www.marktplatz.de

Ein **kleineres Internetportal**, von dem aus man auf eine Reihe von Internet-»Marktplätzen« von Städten und Regionen der Länder **Niedersachsen, Nordrhein-Westfalen und Rheinland-Pfalz** gelangt. Diese »Marktplätze« sind ein Gemischtwarenangebot: Man bekommt regionale und lokale Nachrichten geboten, Veranstaltungshinweise, Ticket-Services und nicht zuletzt auch ein Forum für Kleinanzeigen, in das man gezielt sein Angebot mit Bildern für Interessenten in der betreffenden Stadt oder in der Region kostenlos einstellen kann – von Duderstadt bis Ruhr-Lippe.

www.flohmarkt.de

Ein weiteres **kleines Anzeigenforum** mit unterschiedlichen Kategorien. Über diese Internetseite, auf der man auch Floh- und Trödelmarkttermine ermitteln kann (—> Seite 33 ff.), gelangt man über den Button »Kleinanzeigen« auf einen elektronischen Kleinanzeigenmarkt. In diesem Fall muss man sich **registrieren**, die Anzeigen sind in der Regel jedoch auch hier kostenfrei, es sei denn, man braucht einen längeren Anzeigentext (über 600 Zeichen), verwendet ein kostenpflichtiges (!) Bild oder verlängert die Anzeigendauer etc.

Suchen kann man über die erste Ziffer der Postleitzahl und einen Suchbegriff bzw. die angebotenen Anzeigenkategorien (von Antik, Kunst, Sammeln über Möbel, Hausrat bis Fahrzeuge oder Urlaub etc.). Das **Angebot** erstreckt sich von ganzen Haushaltsauflösungen über Lampenschirme bis hin zu Leiterwagen und vielem mehr.

www.meinestadt.de

Ein weiteres **kleines lokales Kleinanzeigenportal**. In einer Suchmaske gibt man die gesuchte Stadt oder Postleitzahl ein, dann erhält man unter dem Button »Marktplatz« das Angebot »Kleinanzeigen«. **Anzeigen** und bis zu 3 Fotos sind **kostenlos**. Man muss sich allerdings mit seinen Kontaktdaten **registrieren**.

Suchen kann man nach Artikelkategorien oder über eine Suchmaske, in die man einen Suchbegriff eingibt. Man erhält alle eingestellten Angebote aus der Region, auch aus weiter entfernten Orten (60 km und mehr).

www.kaleydo.de

Mit 450.000 Anzeigen eines der größeren Kleinanzeigenportale. Der eigentliche, für Trödel interessante »Marktplatz« umfasst jedoch nur so um die 100.000 Anzeigen, ist also **eher klein** (der Rest verteilt sich auf Immobilien, Autos, Tickets etc.) Zum Inserieren auf dem »Marktplatz« meldet man sich lediglich mit seiner E-Mail-Adresse und einem **Passwort** an. **Anzeigen sind kostenlos**. Man gibt ggf. in der Anzeige seine Telefonnummer, Adresse und Namen an. Der Kontakt kann dann von Kunden selbstständig hergestellt werden. Gesucht und gefunden wird bundesweit.

Sammlerforen im Internet

Internet-Auktionshäuser und -Kleinanzeigenmärkte bieten Interessenten eine relativ weit gespannte Produktpalette, in der sich natürlich auch Preziosen finden, die einen hohen Sammlerwert haben und von Sammlern gesucht werden. Insofern sind solche Internetseiten grundsätzlich auch für Sammelgegenstände keine falsche Adresse.

Doch **Sammlermärkte sind ein ganz spezielles Thema**. Deswegen möchte ich an dieser Stelle noch auf drei Internetportale hinweisen, über die man ebenfalls an potenzielle Interessenten für ganz spezifische Sammelgegenstände gelangen kann.

www.sammlernet.de, www.sammelleidenschaft.de, www.sammler.com

Bedauerlicherweise, man muss es leider vorwegschicken, sind alle drei Seiten nicht sonderlich übersichtlich gestaltet. Das hätte man besser machen können. Als Interessent benötigt man einige Zeit und Übung, bis man sich durch das zum Teil sehr umfangreiche Angebot durchgewühlt hat und bis man endlich da ist, wo man hinwill. Oftmals endet eine aufgenommene Spur auch im Nichts, weil in der entsprechenden Kategorie kein Eintrag vorgenommen wurde. Da kann es schon mal zu Enttäuschungen kommen.

Doch alles in allem sind diese Seiten sicher trotz aller Nachteile sehr hilfreich: Ob zu Aktien, Pokemon, Modelleisenbahnen, Comics, Briefmarken, Ü-Eiern, Telefonkarten, Puppen, Zuckerpapier, Murmeln, Münzen, Ansichtskarten oder vielen, vielen anderen Themen gibt es **jede Menge Informationen und Verlinkungen** (Literatur, Hersteller, Sammler, Auktionen, Anzeigenmärkte, Händler, Sammlerforen, Märkte, Messen, Online-Sammlerkataloge, Online-Flohmärkte etc.). Über diese Seiten kann man also auch an Händler, (private) Interessenten, Auktionen und Internet-Sammlermärkte – also Verkaufsforen – gelangen.

Tipp vom Trödel-King

Zeitung lesen!

Es gibt ja mittlerweile Menschen, bei denen man befürchten muss, dass sie überhaupt nicht mehr wissen, was Papier ist, geschweige denn eine Zeitung. Diese Menschen bewegen sich eigentlich nur noch im Internet, ob mit PC, iPhone oder Laptop. Dabei gibt es sie noch, **die gute alte Lokalzeitung** mit ihrem Annoncenteil. Und auch die Anzeigenblätter gibt es noch, die lokale Angebote drukken, auch wenn sie immer weniger werden.

Und deren Angebot sollte man nutzen. Denn es gibt noch viele Menschen, die mit Papier und Zeitung etwas anfangen können. Und eben überhaupt nichts mit dem Internet. Oder die mit beidem arbeiten: Internet *und* Zeitung! Wer Billardtische, Klaviere, Schränke oder ganze Sitzgruppen, Küchenmöbel oder andere sperrige, schwer zu transportierende Teile anbieten und verkaufen möchte, sollte die **Kleinanzeigen im Lokalblatt** und im Anzeigenblättchen auf keinen Fall unterschätzen.

Hier finden Sie ggf. Verkäufer, die direkt um die Ecke wohnen. Da kann man als Interessent schnell für eine Besichtigung vorbeikommen und kostengünstig einen Transport abwickeln. Aber was nutzt einem Münchner, wenn er im Internet einen Billardtisch in Flensburg entdeckt?

Um Objekte der heißen Sammelbegierde zu verkaufen (oder zu kaufen), sind diese Internetseiten in jedem Fall einen ausführlichen Surfausflug wert!

Weitere Verkaufsalternativen – die besten Tipps vom Trödel-King

Auktionshäuser und Antiquitätenhändler

Für höherwertige Möbel, Bilder, Grafiken, Silber, Porzellan, Glas und jede Menge andere Dinge sind weder Trödelmarkt noch Anzeigenblätter die richtigen Ansprechpartner. Wenden Sie sich mit dieser Ware entweder an ein Auktionshaus oder an den Antiquitätenhandel. Viele namhafte Auktionshäuser sind allein spezialisiert auf **Kunst, Antiquitäten und Schmuck**. Es gibt aber auch Auktionshäuser, die ein sehr viel breiteres und von Haus zu Haus auch im Niveau **unterschiedliches Warenspektrum** anbieten: Ob Handtaschen oder Porzellanservice, ob Uhren, altes Spielzeug, Kaminbesteck oder alte Reiseschreibmaschinen, ob Jugendstilleuchter oder Karbidlampen, ob 50 Euro oder 5000 Euro – diese Auktionshäuser wissen ziemlich genau um den tatsächlichen Handelswert Ihrer Angebote und verkaufen bzw. versteigern Ihre Schätzchen gegen Provision, wenn sie in das Portfolio des jeweiligen Auktionshauses passen.

Solche Auktionshäuser findet man in den »Gelben Seiten« oder im Internet unter den Suchbegriffen »Auktionshaus« plus Stadtname. Auf der **Homepage des Gemi-Verlags** (www.gemiverlag.de), der die wichtigsten Trödlerpublikationen und -zeitschriften verlegt (—> Seite 40), findet sich zudem unter dem Button »Links« eine **Sammlung von solchen Auktionshäusern**, auf deren Homepage man sich wiederum orientieren kann, welches Sortiment sie anbieten.

Bei Haushaltsauflösungen kommen die Spezialisten solcher Häuser auch zu Ihnen nach Hause, um die Wertgegenstände zu begutachten. Geht es um Einzelstücke, vor allem um sperrige, schwer zu transportierende Gegenstände, oder liegt das nächste Auktionshaus oder Antiquitätengeschäft zu weit entfernt, kann man auch für eine erste Begutachtung per E-Mail an ein solches Auktionshaus oder ein Antiquitätengeschäft

Fotos von dem betreffenden Gegenstand schicken oder mit Fotos den Händlern einen Besuch abstatten, um Tuchfühlung aufzunehmen und checken zu lassen, ob der betreffende Gegenstand wirklich von Wert ist. Man kann anhand der Fotos dann entscheiden, ob ein Hausbesuch lohnt und ob das Auktionshaus oder Antiquitätengeschäft das entsprechende Teil in Provision zu verkaufen oder zu versteigern bereit ist.

Die Bilder sollten natürlich von guter Qualität sein und auch Details zeigen, vor allem auch Gebrauchsspuren oder sogar Beschädigungen, weil die natürlich den Wert entsprechend senken.

Der Lkw-Showroom

Das war schon eine ungewöhnliche Aktion, ich weiß. Aber sie war erfolgreich. Das Problem stellte sich wie folgt: Zu verkaufen galt es eine **komplette Schlafzimmereinrichtung** aus zum Teil antiken Möbeln und eine Menge anderer Möbel sowie Kleinteile mit allem Zipp und Zapp im Wert von schätzungsweise 2000 Euro. Das Problem: Die Besitzer lebten in der Nähe der belgischen Grenze, in einer Region, die als Hochburg des antiken Möbelhandels gilt. Hier war in unmittelbarer Umgebung kaum der von mir geschätzte Preis bei Möbel- oder Antiquitätenhändlern zu erzielen.

Bei einer solchen Preisschätzung lohnte es sich, die Miete eines Kleinlasters für den Verkauf einzukalkulieren. Die Idee: Wir packten alle Möbel in einen angemieteten Kleinlaster und begaben uns auf **eine mobile Antikmöbeltournee** zu Antiquitätenhändlern in weiter entfernten Städten. Bei den Händlern hatten wir uns zuvor telefonisch angemeldet und Fotos der Ware zugestellt. So wurde der Lkw zu einem fahrenden Showroom – mit Erfolg! Nach einigem Hin und Her konnten wir tatsächlich alle Teile an Antiquitätenhändler und an ein Gebrauchtmöbelhaus für 2000 Euro verkaufen. Da waren die 150 Euro Lkw-Miete eine verschmerzbare »Betriebsausgabe«.

Gebrauchtmöbelhäuser

Für gebrauchte Möbel, die noch neueren Datums sind und weder für Auktionshäuser noch Antiquitätenhändler von Interesse sind, besteht zu der aufwendigen Aktion, sie auf einem Trödelmarkt anzubieten, die Alternative, sie in Kommission an Gebrauchtmöbelhäuser zu geben. Diese Häuser behalten zwar so um die **40 Prozent Provision** ein, haben aber ziemlich realistische Preisvorstellungen und ziehen mit ihrem Angebot natürlich genau das **Zielpublikum** an. Man findet sie in den »Gelben Seiten« oder im Internet unter dem Suchbegriff »Gebrauchtmöbelhaus« plus Stadtnamen. Auch hier lohnt eine erste Kontaktaufnahme in Form eines Besuchs, bei dem man dem Einkäufer gutes Bildmaterial zeigen kann.

Museen

Museen sind eine weitere Möglichkeit, wenn es darum geht, seltene Kostbarkeiten zu veräußern. Ob ausgestopfte Tiere (Völkerkunde- oder zoologische Forschungsmuseen), Karnevalsorden (Karnevalsordenmuseum, gibt es wirklich), Brillen (Design- und Brillenmuseen) oder sogar seltene Bierkrüge – es gibt für so ziemlich alles ein staatliches oder privates Museum oder private Sammlungen. Wenn Ihr Angebot von sammelwürdigem Interesse ist, werden Sie in Museen hin und wieder tatsächlich dankbare Abnehmer finden. Einen Überblick über deutsche (sowie Schweizer und österreichische) Museen finden Sie in Museumsführern im Buchhandel oder im Internet unter www.deutsche-Museen.de bzw. www.webmuseum.de.

Fachhandel

Ob Teppiche, Schmuck, Uhren, Münzen, Briefmarken, Musikinstrumente, Kameras, Fahrräder – ob wertvoll und von hohem Sammlerinteresse oder weniger wertvoll (es gibt ja viele Gegenstände, die zwar keinen antiken oder hohen Sammlerwert haben, deswegen aber noch lange kein Billigtrödel sind): Man kann natürlich versuchen, solche Gegenstände auf einem Trödel-, Antik- oder Sammlermarkt an ein interessiertes Publikum für einen akzeptablen Preis zu verkaufen. Denn auch hier werden für solche Stücke durchaus annehmbare Preise erzielt.

Man kann aber immer auch den Fachhandel aufsuchen und fragen, ob er bereit ist, die betreffenden Gegenstände **in Kommission** zu verkaufen. Ein Uhrenhändler zum Beispiel wird ziemlich genau wissen, ob es in seiner Kundschaft Interessenten für eine gebrauchte Uhr von einem bestimmten Hersteller aus einer bestimmten Baureihe gibt, ein Instrumentenhändler wird das Gleiche mit Blick auf gebrauchte, aber nach wie vor sehr gute Instrumente über seine Kundschaft sagen können usw.

Ein Weg in den Fachhandel lohnt also allemal – und wenn es allein dazu dient festzustellen, dass der Fachhandel mit einem betreffenden Stück nichts anfangen kann. Das passiert auch mir immer wieder! Und dann kann man immer noch einen Trödelmarkt aufsuchen und der geneigten Kundschaft das betreffende Stück schmackhaft machen.

Tipp vom Trödel-King

Machen Sie Geld und Gold zu Geld!

Immer wieder tauchen aus den Tiefen verrümpelter Keller bündelweise **alte Geldscheine** auf: die gute alte deutsche Mark. Ob Oma sie aus Angst vor Einbrechern im Bettkasten versteckt und vergessen hat oder Opa der neuen Währung nicht über den Weg traute und zur Sicherheit mal ein paar Scheinchen zurückgelegt hat – nicht selten erlebe ich, dass heute ein solcher Fund mit einem »Die sind doch nix mehr wert« quittiert wird. Doch das ist falsch: Deutsche Geldscheine, die seit der Währungsreform 1948 im Umlauf waren, **sind bis heute allesamt gültig** und bei den Landeszentralbanken eintauschbar – gegen Euros!

Und noch ein Tipp: Münzen ebenso wie Schmuck oder Uhren (und andere Gegenstände) aus Gold, die keinen antiken oder Sammlerwert haben, haben aber doch immerhin einen **Materialwert**. Und der ist nicht zu unterschätzen. Machen Sie Ihr **Gold zu Geld**!

Prüfen Sie zunächst die Ankaufspreise von Gold in der Tageszeitung. Suchen Sie anschließend einen seriösen Schmuckhändler auf und fragen Sie ihn nach dem Materialwert der betreffenden Gegenstände. Diese Fachleute sind in der Lage, die Qualität der verwendeten Edelmetalle zu prüfen, und können Ihnen anschließend ein Angebot machen.

Der betreffende Händler wird dann das Gold an die sogenannte Scheideanstalt zum **Einschmelzen** weitergeben (www.scheideanstalt.de, auch hier kann man sich über den aktuellen Kurswert von Gold und anderen Edelmetallen informieren). Der Händler wird in sein Angebot die Gebühren der Scheideanstalt und einen gewissen Obolus für seine Dienste einfließen lassen. Die Kosten sind für Händler jedoch geringer als für Privatkunden, weil Händler die Edelmetalle in großen Mengen und dementsprechend kostengünstig an die Scheideanstalt weitergeben.

Schrotthändler

Was die Scheideanstalt für Edelmetalle, ist der Schrotthändler für alle anderen Metalle, besonders für **Kupfer und Messing** (mit anderen Metallen erzielt man nur mit erheblichen Mengen einen nennenswerten Erlös). Auch hier gilt: Gegenstände aus Kupfer und Messing, die keinen besonderen antiken oder hohen Sammler- und auch keinen besonderen Nutzwert mehr besitzen, haben aber doch zumindest einen **Materialwert**. Und wenn sie **von Gewicht** sind, lohnt auch immer eine Anfrage beim Schrotthändler um die Ecke. Hier kann man aus manch schwergewichtigem Schrott noch ein paar Euro machen. (Aktuelle Ankaufspreise können Sie über das Internet auf den Seiten von ortsansässigen Schrotthändlern in Erfahrung bringen.)

Direkte Ansprache von speziellen Interessenten in der Region

Für viele Dinge lohnt es sich, seine **Fantasie** spielen zu lassen. Klar, man kann so ziemlich alles auf einem Trödelmarkt verkaufen, aber für viele Dinge gibt es eine potenzielle Käuferschaft, die gar nicht auf einen Trödelmarkt kommt. Will heißen: Man muss sich (bei sperrigen und schwer transportierbaren Teilen erst einmal mit Fotos) auf den Weg zu dieser Käuferschaft machen.

Es gibt für diesen Vertriebsweg keine allgemein gültigen Regeln oder Tipps. Man muss einfach **den gesunden Menschenverstand bemühen** und sich Gedanken machen, ob es nicht für das betreffende Teil eventuell jemanden gibt, der ein besonderes Interesse daran haben könnte. Als Anregung kann ich an dieser Stelle nur einige wenige Beispiele anführen, die Ihnen vielleicht vor Augen führen, was alles möglich ist:

- So habe ich zum Beispiel eine alte **Kartoffelsortiermaschine** einem **Bioladen** in der Region zu Dekorationszwecken verkauft.
- Ein **analoges (!) Navigationsgerät** aus der Steinzeit der automobilen Orientierungssysteme konnte ich als Werbegag erfolgreich einem **Handyladen** verkaufen, der Handys mit integrierten Navis vertreibt.
- Ein großer Kübel mit einem **Gummibaum** erschien mir für einen Trödelmarkt nicht sonderlich attraktiv, stattdessen erwies sich eine **Saunaanlage** als dankbarer Abnehmer, wo der Gummibaum im Relax-Wintergarten eine gute Figur machte.
- **Alte Türen** (um 1910, ausgehender Jugendstil, Eiche) konnte ich an einen **Restaurator** verkaufen, der mit historischen Baustoffen arbeitet und handelt.
- Und einen alten **Ackerwagen**, 50 bis 70 Jahre alt, der in einer Scheune sein trauriges Dasein fristete und nicht mehr sehr gut in Schuss war, konnte ich einem **Bauernhof** mit Direktverkauf als Werbeträger an die Hofeinfahrt stellen – für ein entsprechendes Entgelt, versteht sich!

Solche und viele weitere Beispiele könnte ich anführen, die allesamt beweisen: Es zahlt sich manchmal in barer Münze aus, seine Fantasie spielen zu lassen!

Wenn das Glas nicht sauber ist, verdirbt das, was du hineinschüttest!

(Horaz, 65–8 v. Chr.)

9

Verdrecktes Zeug verkauft sich schlecht!

(Roland Beuge)

Reinigung und Pflege

Omas Hausmittelchen oder moderne Chemie?

Sie sind nicht totzukriegen, die alten Hausmittelchen, die **Tipps und Tricks aus Omas Zeiten**. Und vieles von dem, was da so an Pflege- und Reinigungsratschlägen von Generation zu Generation weitergereicht wird, funktioniert ja auch. Ich weiß das aus eigener Erfahrung, hab früher auch noch altes Motoröl und Petroleum zum Aufpolieren von Eisen verwendet.

Hin und wieder werden auch immer noch Bücher mit diesen alten Reinigungs- und Pflegetipps aufgelegt und recht erfolgreich verkauft. Die Skepsis gegenüber modernen Reinigungs- und Pflegemitteln (Chemie!) und der Glaube an die geheimnisvolle Zauberkraft der alten Hauspflegemittelchen hat nach wie vor Konjunktur und eine große Gemeinde. Wer daran zweifelt, sollte sich im Internet einmal auf www.wer-weiss-was.de, www.1000haushaltstipps.de oder www.frag-mutti.de umschauen. Hier kursieren sie, all die Kniffe aus Omas Schatzkiste. Und hier findet auch ein reger Austausch statt über die Erfahrungen mit all den alten Hausmittelchen.

Doch um es klar zu sagen: Vieles von dem, was da so auf dem Markt der Reinigungs- und Pflegetipps von vorgestern umhergeistert, stammt aus einer Zeit, als erstens die Bandbreite der heute existierenden Materialien lange nicht so breit gefächert war wie heute. Und sie stammen zweitens aus einer Zeit, als man sich über **Umweltschutz** noch nicht so viele Gedanken gemacht hat wie heute. Die chemische Industrie stellt mittlerweile **moderne Reinigungs- und Pflegeprodukte** her, die im

Gegensatz zu so manch altem Haushaltstrick in der Anwendung (und Produktion) wesentlich umweltschonender und auch viel einfacher zu handhaben sind.

Erst reinigen, dann pflegen – beides auf einmal geht nicht!

Viele dieser Produkte verwende auch ich. Andererseits sollte man auch nicht alles glauben, was einem die moderne chemische Industrie da in den prall gefüllten Regalen der Bau- und Drogeriemärkte so alles verkaufen will. So sollte man zum Beispiel höchst skeptisch gegenüber Produkten sein, die »Reinigen und Pflegen« in einem versprechen. In der Regel sind dies **zwei Vorgänge, die nacheinander stattfinden**. Verwenden Sie also lieber erst ein Reinigungs- und anschließend ein Pflegeprodukt.

Und egal, ob man etwas auf einem Trödelmarkt oder auf einem Antik- oder Sammlermarkt verkaufen will: Bis auf ganz wenige Ausnahmen sollte alles, was Sie anbieten, gereinigt und gepflegt sein. Verdrecktes Zeug verkauft sich nicht!

Angesichts der ungeheuren Vielzahl an Reinigungs- und Pflegeprodukten sowie Materialien ist es aber unmöglich, an dieser Stelle eine ausführliche Reinigungs- und Pflegeanleitung zu erteilen. Zu geeigneten Produkten sollte man sich am besten im **Fachhandel** beraten lassen. Und beachten Sie zu Ihrer eigenen Sicherheit grundsätzlich die Herstellerhinweise zum Gebrauch der betreffenden Produkte!

Darüber hinaus gibt es aber noch eine Menge einfacher Tipps und Tricks, die Sie beim Reinigen und Pflegen der unterschiedlichen Materialien grundsätzlich beherzigen sollten und die ich Ihnen hier an die Hand geben will.

Glas

Typische Trödelware aus Glas: Trinkgläser, Weinpokale, Kronleuchter (Lampengläser), Blumenvasen, Karaffen etc.

Typische Verschmutzung: Fett, Staub, Getränkerückstände (Kaffee, Tee, Rotwein), Pflanzenrückstände, das Glas ist trübe.

1) Egal, welcher Glasgegenstand, die erste Säuberungsstufe besteht in einem ganz einfachen Reinigungsprodukt: Spülmittel und warmes Wasser! Ggf. kann man hartnäckigere Rückstände mit einem (Scheuer-)Schwamm bearbeiten. Vasen, Karaffen etc. kann man auch mit Wasser füllen und anschließend über Nacht ein Tab, mit dem man normalerweise die dritten Zähne reinigt, hineingeben und dessen segensreiche Wirkung entfalten lassen.

2) Hat die erste Reinigungsstufe nicht gezündet, sollte man hartnäckigeren Rückständen in einem zweiten Schritt mit Spiritus (unverdünnt) auf den Leib rücken (Gummihandschuhe!).

3) Schmutz, der jetzt noch nicht klein beigegeben hat, wird mit Salmiakgeist (Ammoniak) bearbeitet (klassische Universalreiniger, erhältlich als fertige Pflegeprodukte im Drogeriemarkt).

4) Wenn sogar Salmiakgeist versagt, bekommen Sie die letzten Schmutzreste nur noch weg, wenn Sie – Achtung, nicht erschrecken – Salzsäure einsetzen (säureresistente Gummihandschuhe!). Hört sich schlimmer an, als es ist. Salzsäure erhalten Sie in der Apotheke. In der Regel reicht eine Verdünnung von 1:3. Kann aber auch gesteigert werden auf 1:2.

5) Egal, mit welcher Reinigungsstufe Sie letztlich erfolgreich waren: Abschließend sollten Sie das gereinigte Glas natürlich gründlich und mit viel Wasser (aus-)spülen und abtrocknen!

Metalle

Ein Tipp vorweg: Neben den im Folgenden genannten Politurmitteln gibt es im Autozubehörhandel eine spezielle Politurwatte, die bereits mit einer Politur getränkt ist und die ich fast ausschließlich zum Polieren von Metallen verwende. Diese Politurwatte ist zum Polieren von Chrom, Silber, Gold, Messing, Kupfer, Zinn, Zink, Aluminium, Stahl und Edelstahl geeignet. Eine wahre Wunderwaffe. Erkundigen Sie sich im Fachhandel.

Gold und Silber

Typische Trödelware aus Gold: Schmuck, Münzen, Uhren etc.
Typische Trödelware aus Silber: Bestecke, Teekannen, Schmuck, Gebäcketageren etc.

Typische Verschmutzung: Staub, Fett, Lebensmittelrückstände. Gold wird ohne Politur mit der Zeit matt und bekommt dunkle Stellen, Silber läuft schwarz an.

1) Die erste grobe Reinigung nimmt man mit Wasser und einem einfachen Spülmittel vor oder man legt die betreffenden Gegenstände in ein Wasserbad, in das man über Nacht ein Tab hineingibt, mit dem man normalerweise die dritten Zähne reinigt.

2) Ob Feingold oder Feinsilber, Gold- oder Silberlegierung oder vergoldet bzw. versilbert: Es gibt für Silber ebenso wie für Gold spezielle Poliertücher im Drogeriemarkt, mit denen man nach der ersten Reinigung bereits beste Ergebnisse erzielt.

3) Eine Alternative zum Poliertuch können für kleinere Gegenstände aus Silber oder Gold auch spezielle Bäder sein (im Drogeriemarkt erhältlich, eignen sich natürlich nicht für Uhren etc.!).

Achtung: Filigranen Schmuck sollte man besser bei einem Schmuckhändler reinigen lassen!

Messing, Kupfer, Zinn

Typische Trödelware aus Messing: Kerzenständer, Lampen (Kronleuchter), Türbeschläge etc.
Typische Trödelware aus Kupfer: Lampenschirme (Gelsenkirchener Barock), (Boden-)Vasen, Schirmständer, Fonduetöpfe, Blumentöpfe etc.
Typische Trödelware aus Zinn: Zinnfiguren, Bierkrüge, Aschenbecher, Wandteller etc.

Typische Verschmutzung: Staub, Fett, Kerzenwachs. Messing ebenso wie Kupfer laufen grün an, Zinn wird matt und schwarz.

1) Die erste grobe Reinigung nimmt man mit Wasser und einem einfachen Spülmittel vor oder man legt die betreffenden Gegenstände in ein Wasserbad, in das man über Nacht ein Tab hineingibt, mit dem man normalerweise die dritten Zähne reinigt.

Kerzenwachs mit kochend heißem Wasser (Verbrühungsgefahr!) übergießen und so entfernen. Anschließend im heißen Wasserbad mit viel Spülmittel die letzten Reste mit Spülbürste oder (Scheuer-)Schwamm beseitigen.

2) Mit einer feinen Metallpolitur oder mit einer Zahnbürste und Zahnpasta reinigen. Grobe Oberflächen kann man natürlich auch mit einer (Draht-)Bürste behandeln.

3) Anschließend mit einem Baumwolltuch oder mit Polierwatte polieren.

Aluminium

Typische Trödelware aus Aluminium: Getriebe- und Motorengehäuse von Motorrädern, Fahrradfelgen etc.

Typische Verschmutzung: Öl, Straßendreck. Aluminium wird matt und dunkelt nach.

1) Reinigung mit warmem Wasser und Spülmittel, eventuell mit Hochdruckreiniger an Autowaschanlage reinigen oder mit Felgenreiniger und Zahnbürste säubern.

2) Im Motorrad- und Autofachhandel bzw. in der Autoabteilung von Baumärkten gibt es spezielle Alu-Pflegemittel, die (nicht lackiertem oder eloxiertem!) Aluminium magischen Glanz verleihen. Die in der Politur enthaltenen Wachse schützen die Aluteile zudem vor Witterungseinflüssen und Korrosion. Gummihandschuhe tragen!

Eisen

Typische Trödelware aus Eisen: alte schmiedeeiserne Nähmaschinen (Gestell und Gehäuse), Kaminabdeckungen, schmiedeeiserne Gartentore, Beschläge an alten landwirtschaftlichen Geräten, Eisenringe um Fässer etc.

Typische Verschmutzung: Fett, Schmiere, Staub, Straßendreck.

1) Reinigung mit warmem Wasser und Spülmittel, eventuell mit Hochdruckreiniger an der Autowaschanlage.

2) Sollte das nicht reichen, hilft gegen Fett und Schmiere in der Regel ein sogenannter Kaltreiniger (Felgenreiniger), den man an jeder Tankstelle bekommt, die mehr als belegte Brötchen verkauft. (Bekommt man auch im Autozubehörhandel.)

3) Verrostungen kann man mit einem handelsüblichen Entroster behandeln.

4) Bei extremer Verunreinigung und Verrostung sollte man sich an ein Unternehmen für Oberflächenbehandlung wenden (»Gelbe Seiten«, Internet). Grobe Oberflächen kann man sandstrahlen lassen, feinere Oberflächen sollte man glasstrahlen lassen. Die feinste Reinigungsstufe besteht im Wasserstrahlen.

5) Abschließend mit ein wenig Speiseöl auf Hochglanz bringen.

Edelstahl

Typische Trödelware aus Edelstahl: Spülen, Herde, Schmuck, Thermoskannen, Töpfe, Toaster etc.

Typische Verschmutzung: Fett, Lebensmittelrückstände.

1) Reinigung mit warmem Wasser und Spülmittel und einem (Scheuer-) Schwamm.

2) Sollte das nicht reichen, kann man ein handelsübliches feines Scheuermittel verwenden, bei Töpfen ein Stahlwollepad mit eingearbeitetem Reinigungsmittel.

3) Anschließend mit (Schwamm und) Wasser abspülen, abtrocknen und mit einem feinen Poliervlies nachbearbeiten.

Holz

Typische Trödelware aus Holz: Tische, Stühle, Kommoden, Bilderrahmen, Truhen, Stand- oder Pendeluhren, Sakralkunst (zum Beispiel Madonnenfiguren) etc.

Für Holz an dieser Stelle detaillierte Reinigungs- und Pflegetipps zu geben würde entweder den Rahmen sprengen oder die Gefahr heraufbeschwören, dass Sie eventuell Fehler machen, die das Holz angreifen oder beschädigen, was bei hochwertigen Hölzern oder wertvollen antiken Möbeln wertmindernde Folgen haben könnte. Deshalb beherzigen Sie bitte die folgenden Tipps.

Hochwertige Gegenstände aus Holz:

Bei antiken Möbeln oder Bilderrahmen ist es für die Reinigung und Pflege nicht unwichtig zu wissen, was es für ein Holz ist (Hartholz oder Weichholz, Ahorn-, Kirsch-, Eichen- oder irgendein Tropenholz etc.?). Sie müssten zudem unterscheiden können, ob das Holz geölt oder gewachst ist. Oder ist es lackiert?

Mit anderen Worten: Lassen Sie von Möbelstücken oder anderen Holzgegenständen, die wertvoll sind oder sein könnten, zunächst einmal die Finger und lassen Sie das betreffende Stück von einem Fachmann begutachten. Der wird Ihnen sagen können, was im Einzelfall das beste

Reinigungs- bzw. Pflegemittel ist, oder selbst Hand anlegen – wofür er allerdings anschließend und zu Recht dieselbige aufhält.

Minderwertige Gegenstände aus Holz:

Für alle Holzgegenstände, ob Küchenschränke, Kommoden oder Schaukelstühle, die erkennbar keinen sehr hohen Wert besitzen, reicht es, sich im Fachhandel ein Allzweckprodukt zu besorgen, das für nahezu alle Holzsorten verwendbar ist. Es gibt hervorragende Holz- bzw. Möbelregeneratoren, Schnellpflegen, Möbelauffrischer, Möbelöle und Möbelwachs, die unbedenklich für solche Holzprodukte angewendet werden können. Lassen Sie sich jedoch in jedem Fall zuvor im Fachhandel beraten und beachten Sie die Herstellerhinweise.

Wenn man weiß, ob das Holz geölt oder gewachst ist: Geöltes Holz kann man problemlos mit Olivenöl auffrischen, gewachstes Holz mit Bienenwachs.

Plastik und Kunststoff

Typische Trödelware aus Plastik oder Kunststoff: Toaster, Lampen, Telefone, Möbel (vor allem Stühle), Fernseher, Resopalplatten etc.

Typische Verschmutzung: Fett, Staub, Lebensmittelrückstände. Kunststoff verliert mit dem Alter zunehmend an Glanz, wird stumpf und die Farben verlieren an Leuchtkraft.

1) Reinigung mit warmem Wasser und Spülmittel und einem Schwamm, der keine Kratzer macht.

2) Sollte das nicht reichen, können Sie es mit einem handelsüblichen Kunststoffreinigungsmittel oder auch mit Spiritus versuchen (probieren

Sie zunächst an einer Stelle die Materialverträglichkeit aus). Nach einer Behandlung mit Spiritus sollten Sie aber unbedingt mit einem Kunststoffpflegemittel nacharbeiten.

3) Im Anschluss an die Reinigung sollte eine Kunststoffpflege mit Silikon aufgetragen werden. Im Fachhandel (Baumärkte) gibt es die unterschiedlichsten Pflegereihen. Lassen Sie sich beraten.

4) Bei farbigen Kunststoffen (zum Beispiel Designerstühlen) kann man zur Auffrischung der Farben auch auf Polierprodukte zurückgreifen, die mit Farbpigmenten versetzt sind.

Stoff

Typische Trödelware aus Stoff: Kleidungsstücke, Polsterbezüge, Teppiche, Tischdecken etc.

Typische Verschmutzung: Fett und Lebensmittelrückstände, Straßendreck.

Es gibt tausend und ein Hausmittelchen aus Großmutters Zeiten gegen all die Flecken und Rückstände in Geweben und Textilien. Besser als all diese Hauhaltstipps ist und bleibt für den ersten Versuch aber die Reinigung mit einem Aktivschaum, den Sie selbst problemlos auftragen und anschließend absaugen können (zuvor an einer Ecke auf Farbechtheit prüfen). Darüber hinaus gibt es in Drogeriemärkten jede Menge Spezialprodukte für jeden nur erdenklichen Spezialfleck.

Tipp vom Trödel-King: Wenn Sie wirklich wissen wollen, was die beste Reinigungsmethode und das beste Reinigungsmittel gegen Flecken jedweder Art ist, dann sollten Sie sich an einen Auto-Aufbereiter wenden. Es gibt kaum jemanden, der sich besser mit Fleckenbeseitigung auskennt als ein versierter Vertreter dieses Berufsstands.

Leder

Typische Trödelware aus Leder: Sessel, Stühle, Sitzgruppen, Taschen, Gürtel, Koffer, Jacken etc.

Typische Verschmutzung: Fett, Staub, Lebensmittelrückstände.

1) Leder, vor allem hochwertiges Leder, sollten Sie niemals selbst reinigen. Sicher, bei einem Paar alter Stiefel oder einem alten Reisekoffer, die keinen echten Wert mehr darstellen, kann man versuchen, sie mit einer Bürste und ein wenig Gallseife von gröbsten Verunreinigungen zu befreien. Aber für alles andere gilt: Lassen Sie Fachleute ran, es gibt Reinigungen, die auf Leder spezialisiert sind.

2) Wenn es sich lohnt, sollte man von einem Sattler oder Schuster ggf. Nähte nachnähen oder andere Verschönerungsarbeiten durchführen lassen.

3) Saubere Glattleder kann man mit farbloser Schuhcreme oder auch Bienenwachs pflegen. Sollte die Farbe eine Auffrischung vertragen, kann man auch farbige Schuhcreme verwenden. Für Rauleder empfiehlt sich ein Pflegemittel zum Sprayen. Halten Sie aber im Zweifel immer Rücksprache mit dem Fachhandel oder mit einem Schuster oder Sattler.

Ich hoffe, dieses Buch hat Ihnen gefallen. Mir hat es sehr viel Freude bereitet, meine Erfahrungen weiterzugeben.
An dieser Stelle soll nicht unerwähnt bleiben, dass der Trödel-King nicht alles kann, deshalb ein Dank an den Buchredakteur Marcus Reckewitz sowie an Monica Minzlaff und das Team, die meine Sendung »Der Trödel-King«, jeden Freitag um 20.15 Uhr im WDR-Fernsehen, betreuen.
Infos über die Sendung und alle bereits gelaufenen Folgen findet man auf www.troedelking.wdr.de.

Wer möchte, kann mir gerne persönlich Anregungen oder Fragen schicken an: troedelking@deutschland.ms. Man möge aber bitte nachsichtig mit mir sein, wenn ich nicht alle Zuschriften beantworten kann. Versprechen kann ich jedoch, dass ich die meisten Ihrer Fragen in der Sendung aufgreifen werde.

In memory of Lord Nelson, habgier – gewinnsucht (see you in heaven).